왕초보

스피킹 코치

영어회화

PAGODA **Books**

스피킹 코치
영어회화

초 판 1쇄 인쇄 2021년 3월 26일
초 판 1쇄 발행 2021년 4월 6일

지 은 이 | 성재원
펴 낸 이 | 고루다
펴 낸 곳 | Wit&Wisdom 도서출판 위트앤위즈덤
임프린트 | PAGODA Books
출판등록 | 2005년 5월 27일 제 300-2005-90호
주   소 | 06614 서울특별시 서초구 강남대로 419, 19층(서초동, 파고다타워)
전   화 | (02) 6940-4070
팩   스 | (02) 536-0660
홈페이지 | www.pagodabook.com

저작권자 | ⓒ 2021 성재원

ISBN 978-89-6281-871-0(13740)

도서출판 위트앤위즈덤   www.pagodabook.com
파고다 어학원   www.pagoda21.com
파고다 인강   www.pagodastar.com
테스트 클리닉   www.testclinic.com

PAGODA Books는 도서출판 Wit&Wisdom의 성인 어학 전문 임프린트입니다.
낙장 및 파본은 구매처에서 교환해 드립니다.

왕초보
스피킹 코치
영어회화

어릴 때부터 오랫동안 영어를 공부해 왔지만 외국인을 만나면 말 한 마디 하는 게 정말 힘듭니다. 탁구를 배우면 몇 달 후면 친구들과 재미있게 경기를 할 수 있고, 목공을 배우면 어설프지만 튼튼한 책장 하나쯤은 뚝딱 만들 수 있습니다. 하지만 영어는 왜 이런 걸까요?

이럴 때는 기본으로 돌아가는 게 필요합니다.

우리는 '기본' 골격을 제대로 만들지 않은 상태에서 계속해서 살을 붙여 나갔습니다. 그러다 보니 늘 영어가 어렵고 부담스럽게 느껴진 겁니다. 그렇다면 영어에서 기본은 무엇일까요? 영어에서 기본은 '동사'라고 볼 수 있습니다. 영어 문장은 〈주어+동사〉의 순서로 시작합니다. 영어 초보자들이 막히는 부분이 바로 '동사'입니다. 첫 부분부터 막혀 버리니 문장을 만드는 것은 엄두도 낼 수 없습니다. 기본 동사만 잘 알아도 단시간에 영어 말하기 실력이 큰 폭으로 향상되는 이유입니다. 영어의 수백 개의 동사를 외우는 게 아니라 영어로 말하고 싶다면 원어민이 사용하는 2~30여개의 동사를 아는 것이 필수입니다.

하나의 동사는 기본적으로 여러 가지 뜻을 가지고 있습니다. 상황에 따라서 그 의미가 다양하게 쓰입니다. 여러분이 알고 있는 have 하더라도 영어사전을 검색해 보니 30개가 넘는 뜻이 나옵니다. 이 모든 뜻을 공부해야 할까요? 그렇지 않습니다. 원어민이 일상 생활에서 많이 사용하는 의미만 제대로 공부하면 됩니다.

지난 1년 동안 학습자 분들이 '이 정도면 나도 할 수 있겠다'라는 마음을 가질 수 있도록 책을 만들었습니다. 불필요한 내용은 빼고, 최대한 많이 활용하는 뜻을 선정했습니다. 그리고 실제 문장을 만들 수 있도록 생활 표현들도 함께 담았습니다. 문장을 같이 만들어 보고, 바꿔 말하고, 대화문으로 연습하면서 여러분의 영어 실력은 자연스럽게 향상될 겁니다. 책의 목차를 따라서 하루에 하나씩 100일 동안 저와 함께 영어 말하기 연습을 시작해 보세요.

기초동사 22개와 함께라면 언제 어디서든 영어로 말할 수 있는
든든한 기본기를 만들 수 있습니다.

100일 뒤 기본동사를 활용해서 자유롭게 영어로 대화하는 모습을 상상해 보세요. 〈왕초보 스피킹 코치 영어회화〉가 길잡이가 되어 드리겠습니다.

미니멀 영어 **성재원**

재원 쌤만의 친절한 설명이 담겨 있는 부분입니다. 꼼꼼히 읽어 보시고 용법을 익히세요.

★ 재원 쌤의 친절한 음성강의를 꼭 듣고 넘어갑니다. (네이버 오디오 클립 〈왕초보 스피킹 코치 영어회화〉 검색)

실제 사용되는 대화를 통해 기본 동사가 생활 속에서 어떻게 사용되는지 이해합니다. 원어민의 발음을 들으며 따라 읽어봅니다.

★ MP3 파일을 여러 번 들으면서 문장을 외우고 발음 연습까지 합니다.

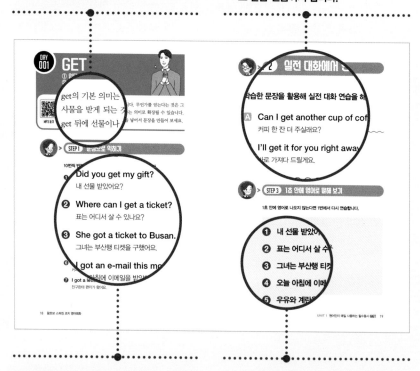

일상 생활에서 사용빈도가 높은 예문을 통해 기본동사가 실제로 어떻게 사용되는지 쉽게 이해할 수 있습니다.

★ MP3 파일을 무한 반복 따라 읽으면서 입에서 자동으로 나올 때까지 연습합니다.

해당 단원에 나온 예문 7개를 완전히 외우고 넘어갈 수 있도록 해 줍니다.

한 Unit에서 배운 유용한 예문을 기억하고 있는지 확인하고 넘어갑니다. 크게 따라 읽으면서 확실히 자기 것으로 만들고 넘어갑니다.

★ MP3 파일을 여러 번 들으면서 잊어 버린 문장이 없는지 확인하면서 다시 여러 번 연습합니다.

배운 유용한 예문을 한글 해석만 보고 떠올려 보는 부분입니다. 완전히 외우고 넘어갈 수 있도록 입에서 자동으로 나올 때까지 연습합니다.

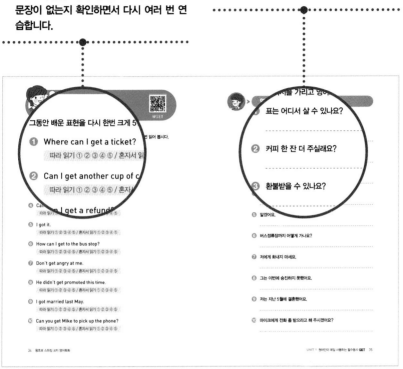

파고다 오분톡 학습법

Step 1 교재의 영어 문장을 입으로 많이 (최소 10번) 반복해서 말하세요.

Step 2 저자 직강 데일리 음성 강의를 들으면서 의미와 표현을 이해하세요.

Step 3 교재 예문 MP3를 들으며 따라 말하세요.

Step 4 5분 집중 말하기 훈련을 활용해 영어를 듣고 따라 말하고, 우리말 뜻을 보고 영어로 바꿔 말하는 연습을 하세요.

파고다북스 5분톡 5분 집중
말하기 훈련 프로그램
바로가기

하루 5분씩 100일,
내 입에서 영어가 술술 나올 때까지!
파고다 5분톡 〈왕초보 스피킹 코치 영어회화〉 학습을 끌어주고
밀어주는 추가 자료 4가지

저자 직강 데일리 음성 강의
재원 쌤만의 노하우를 친절히 알려주는 음성 강의!

교재 내용을 보다 확실하게 이해시켜 드립니다.
• 네이버 오디오클립에서 〈왕초보 스피킹 코치 영어회화〉를 검색해서 청취하세요.

교재 예문 MP3
영어 귀가 트이려면 반복해서 듣는 게 최고!

책에 수록된 모든 예문을 원어민 발음으로 들어볼 수 있도록 MP3를 무료로 제공합니다.
• 파고다북스 홈페이지에서 다운로드 받아 청취하세요. (실시간 스트리밍도 가능)

성재원 선생님의
친절한 무료 유튜브 강의와 함께
공부해 보세요.

성재원 쌤의 유튜브 강의
바로 가기

5분 집중 말하기 훈련

완벽한 확인 학습으로 문장 마스터!

교재, 음성 강의, MP3 학습 후 온라인 말하기 훈련 프로그램을 통해 문장 습득과 발음 정확도를 체크해보세요.

- 파고다북스 홈페이지에서 학습할 수 있습니다.

5분톡 발음 클리닉

영어 발음 업그레이드 특훈!

파고다 베테랑 영어회화 선생님의 강의를 통해 한국인이 어려워하는 영어 발음만 모아 교정, 연습할 수 있습니다.

- 파고다북스 홈페이지 또는 유튜브에서 '파고다 5분톡 발음 클리닉'을 검색하여 영상을 시청하세요.

머리말

원어민이 매일 사용하는 필수동사

꼭 알아야 하는 중요동사

한국인들이 많이 헷갈리는 동사

원어민이 매일 사용하는 필수동사

GET

DAY 001 GET

① 얻다
② 받다
③ 사다

MP3 듣기

get의 기본 의미는 무엇을 '얻다'입니다. 무언가를 얻는다는 것은 그 사물을 받게 되는 것이므로 '받다'라는 의미로 확장될 수 있습니다. get 뒤에 선물이나 티켓 등의 물건을 넣어서 문장을 만들어 보세요.

> ## STEP 1 문장으로 익히기

10번씩 반복해서 큰 소리로 읽어보며 내 것으로 만듭니다.

❶ Did you get my gift?
내 선물 받았어요?

❷ Where can I get a ticket?
표는 어디서 살 수 있나요?

❸ She got a ticket to Busan.
그녀는 부산행 티켓을 구했어요.

❹ I got an e-mail this morning.
오늘 아침에 이메일을 받았어요.

❺ I'll get some milk and eggs.
우유와 계란을 좀 사 올게요.

❻ Can I get another cup of coffee?
커피 한 잔 더 주실래요?

❼ I got a letter from my friend.
친구한테 편지가 왔어요.

학습한 문장을 활용해 실전 대화 연습을 해 봅시다.

A Can I get another cup of coffee?

커피 한 잔 더 주실래요?

B I'll get it for you right away.

바로 가져다 드릴게요.

A Where can I get a ticket?

표는 어디서 살 수 있나요?

B Go straight one block and turn left.

한 블록 곧장 가서 왼쪽으로 도세요.

1초 안에 영어로 나오지 않는다면 1번에서 다시 연습합니다.

❶ 내 선물 받았어요?

❷ 표는 어디서 살 수 있나요?

❸ 그녀는 부산행 티켓을 구했어요.

❹ 오늘 아침에 이메일을 받았어요.

❺ 우유와 계란을 좀 사 올게요.

❻ 커피 한 잔 더 주실래요?

❼ 친구한테 편지가 왔어요.

DAY 002

GET

① (추상적인 개념을) 얻다
② (추상적인 개념을) 받다

MP3 듣기

get의 기본 의미는 무엇을 얻거나 받는 행위입니다. 그 뒤에는 사물 뿐만 아니라 휴식, 직업과 같은 추상적인 개념이 등장할 수도 있습니다. 예를 들어서 get some sleep은 '잠을 좀 자다', get a job은 '직장을 구하다'라는 의미가 됩니다.

> **STEP 1** 문장으로 익히기

10번씩 반복해서 큰 소리로 읽어보며 내 것으로 만듭니다.

❶ You should get some rest.
당신은 좀 쉬어야 해요.

❷ Can I get some sleep here?
여기서 잠을 좀 자도 될까요?

❸ Did you get some sleep?
잠은 좀 잤어요?

❹ Can I get a refund?
환불받을 수 있나요?

❺ I'd like to get a refund on these tickets.
이 표를 환불받고 싶은데요.

❻ You should get a job.
당신은 직장을 구해야 해요.

❼ I think I should get a part-time job.
아르바이트를 해야 할 것 같아요.

학습한 문장을 활용해 실전 대화 연습을 해 봅시다.

Ⓐ I'd like to get a refund on these tickets. Can I get a refund?

이 표를 환불받고 싶은데요. 환불받을 수 있나요?

Ⓑ Let me see. These tickets are refundable.

확인해 보겠습니다. 이 티켓은 환불 가능합니다.

~~~~~~~~~~~~~~~~~~~~~~~~~~~~~~~~

Ⓐ I worked all night last night. I'm so tired.

저 어제 밤새도록 일했어요. 너무 피곤해요.

Ⓑ You should get some rest.

당신은 좀 쉬어야 해요.

1초 안에 영어로 나오지 않는다면 1번에서 다시 연습합니다.

❶ 당신은 좀 쉬어야 해요.

❷ 여기서 잠을 좀 자도 될까요?

❸ 잠은 좀 잤어요?

❹ 환불받을 수 있나요?

❺ 이 표를 환불받고 싶은데요.

❻ 당신은 직장을 구해야 해요.

❼ 아르바이트를 해야 할 것 같아요.

DAY 003

GET
① 가져다 주다
② 사다 주나

MP3 듣기

동사 get 뒤에 '사람'과 '사물'이 순서대로 오면 '~에게 ~을 얻게 해주다' 즉 '~에게 ~을 주다'라는 의미가 됩니다. Can I get you some coffee?라고 하면 '커피 좀 가져다 드릴까요?'라는 표현이 됩니다.

> **STEP 1** 문장으로 익히기

10번씩 반복해서 큰 소리로 읽어보며 내 것으로 만듭니다.

❶ Get me something to drink.
마실 것 좀 갖다 주세요.

❷ Can I get you a cup of coffee?
커피 한 잔 갖다 드릴까요?

❸ Can I get you another drink?
한 잔 더 드릴까요?

❹ Can you get me some ice?
얼음 좀 갖다 주실래요?

❺ I'd like to get him a watch.
저는 그에게 시계를 사 주고 싶어요.

❻ I got her a nice dress.
그녀에게 멋진 드레스를 사 줬어요.

❼ I'm going to get you a great lunch.
맛있는 점심 사 줄게요.

학습한 문장을 활용해 실전 대화 연습을 해 봅시다.

A Get me something to drink. I'm so thirsty.
마실 것 좀 갖다 주세요. 목이 너무 마르네요.

B Can I get you a cup of coffee?
커피 한 잔 갖다 드릴까요?

~~~~~~~~~~~~~~~~~~~~~~~~~~~~~~~~~~~~

A I got her a nice dress.
그녀에게 멋진 드레스를 사 줬어요.

B That dress looks good on her.
그 드레스는 그녀에게 잘 어울리네요!

1초 안에 영어로 나오지 않는다면 1번에서 다시 연습합니다.

❶ 마실 것 좀 갖다 주세요.

❷ 커피 한 잔 갖다 드릴까요?

❸ 한 잔 더 드릴까요?

❹ 얼음 좀 갖다 주실래요?

❺ 저는 그에게 시계를 사 주고 싶어요.

❻ 그녀에게 멋진 드레스를 사 줬어요.

❼ 맛있는 점심 사 줄게요.

DAY 004

GET
① 이해하다

MP3 듣기

get은 '상황이나 말 등을 이해하다'라는 의미로도 자주 사용합니다. 이때 get 뒤에는 situation(상황), point(요점) 등의 표현이 나올 수 있습니다. 실제 영어 대화에서 많이 사용되는 I got it. (알겠어요.)이라는 표현은 꼭 외워주세요.

STEP 1 문장으로 익히기

10번씩 반복해서 큰 소리로 읽어보며 내 것으로 만듭니다.

❶ I got it.
알겠어요.

❷ Did you get it?
이해했어요?

❸ You don't get it.
이해 못 했군요.

❹ I think you don't get the point.
당신은 요점을 이해하지 못 하는 것 같아요.

❺ I got the situation here.
여기 상황을 이해했어요.

❻ Do you get the picture now?
이제 알겠어요?

❼ You still don't get the picture?
아직도 이해가 안 돼요?

학습한 문장을 활용해 실전 대화 연습을 해 봅시다.

A Can you get me a sandwich at 6 in the morning?
아침 6시에 샌드위치 좀 사다 줄래요?

B I got it.
알겠어요.

~~~~~~

A You still don't get the picture?
아직도 이해가 안 돼요?

B I can't think straight now. It's too difficult!
정신을 못 차리겠네요. 너무 어려워요!

get the picture는 '(다른 사람의 설명을 듣고 상황을) 이해하다'라는 의미입니다.

1초 안에 영어로 나오지 않는다면 1번에서 다시 연습합니다.

① 알겠어요.

② 이해했어요?

③ 이해 못 했군요.

④ 당신은 요점을 이해하지 못 하는 것 같아요.

⑤ 여기 상황을 이해했어요.

⑥ 이제 알겠어요?

⑦ 아직도 이해가 안 돼요?

DAY 005

GET

① 도착하다, 이르나

MP3 듣기

get은 '도착하다'라는 의미로도 사용이 가능합니다. 도착하는 곳이 어디인지 get 뒤에 함께 말해주면 됩니다. 보통 방향을 나타내는 전치사 to와 함께 쓰여 〈get to + 장소〉 형태로 많이 사용합니다.

> ## STEP 1 문장으로 익히기

10번씩 반복해서 큰 소리로 읽어보며 내 것으로 만듭니다.

❶ I didn't get to school on time.
학교에 제 시간에 도착하지 못했어요.

❷ Call me when you get to Ulsan.
울산에 도착하면 전화 주세요.

❸ How can I get to the bus stop?
버스정류장까지 어떻게 가나요?

❹ How long does it take to get to the city hall?
시청까지 가는 데 얼마나 걸립니까?

❺ It takes about an hour to get to the airport.
공항까지 가는 데 한 시간 정도 걸립니다.

❻ What time did you get home last night?
어젯밤에 몇 시에 집에 도착했어요?

❼ How did you get here this morning?
오늘 아침 여기에 어떻게 왔어요?

home(집에), here(여기에), there(저기에)와 같은 부사 표현들은 앞에 to를 붙이지 않는다는 것을 기억해주세요.

학습한 문장을 활용해 실전 대화 연습을 해 봅시다.

A How long does it take to get to the city hall?

시청까지 가는 데 얼마나 걸립니까?

B It takes about an hour to get to the city hall.

시청까지 가는 데 한 시간 정도 걸려요.

A What time did you get home last night?

어젯밤에 몇 시에 집에 도착했어요?

B I got home at 3:00 in the morning.

새벽 3시에 집에 도착했어요.

STEP 3 1초 안에 영어로 말해 보기

1초 안에 영어로 나오지 않는다면 1번에서 다시 연습합니다.

❶ 학교에 제 시간에 도착하지 못했어요.

❷ 울산에 도착하면 전화 주세요.

❸ 버스정류장까지 어떻게 가나요?

❹ 시청까지 가는 데 얼마나 걸립니까?

❺ 공항까지 가는 데 한 시간 정도 걸립니다.

❻ 어젯밤에 몇 시에 집에 도착했어요?

❼ 오늘 아침 여기에 어떻게 왔어요?

DAY 006

GET
① ~한 상대가 되다

MP3 듣기

get은 '~한 상태가 되다'라는 변화를 나타내기도 합니다. get 뒤에 sleepy(졸린), angry(화가 난) 등의 형용사 표현이 나와서 이전과 다른 변화를 나타냅니다. 자주 사용되는 형용사 표현들과 함께 외워주세요.

> ## STEP 1 문장으로 익히기

10번씩 반복해서 큰 소리로 읽어보며 내 것으로 만듭니다.

❶ I'm starting to get bored.
지루해지기 시작했어요.

❷ What if I get bored?
심심하면 어떡해요?

❸ I bite my fingernails when I get nervous.
저는 긴장하면 손톱을 물어뜯어요.

❹ I get so nervous before an exam.
저는 시험 보기 전에 너무 떨려요.

❺ I always get sleepy after lunch.
점심 먹고 나면 항상 졸려요.

❻ I get angry when I am hungry.
저는 배가 고플 때 화가 납니다.

❼ Don't get angry at me.
저에게 화내지 마세요.

STEP 2 실전 대화에서 연습하기

학습한 문장을 활용해 실전 대화 연습을 해 봅시다.

Ⓐ Your hands are so pretty. Why do you bite your nails?
손이 너무 예쁜데, 왜 손톱을 물어뜯어요?

Ⓑ I bite my fingernails when I get nervous.
저는 긴장하면 손톱을 물어뜯거든요.

〰️〰️〰️〰️〰️〰️〰️〰️〰️

Ⓐ You look very tired. Why don't you take a nap?
매우 피곤해 보이네요. 낮잠을 자는 게 어때요?

Ⓑ I always get sleepy after lunch.
점심 먹고 나면 항상 졸리네요.

STEP 3 1초 안에 영어로 말해 보기

1초 안에 영어로 나오지 않는다면 1번에서 다시 연습합니다.

❶ 지루해지기 시작했어요.

❷ 심심하면 어떡해요?

❸ 저는 긴장하면 손톱을 물어뜯어요.

❹ 저는 시험 보기 전에 너무 떨려요.

❺ 점심 먹고 나면 항상 졸려요.

❻ 저는 배가 고플 때 화가 납니다.

❼ 저한테 화내지 마세요.

DAY 007

GET

① ~하게 되다

MP3 듣기

get은 '~하게 되다'라는 의미를 전달할 수 있습니다. married(결혼한), drunk(취한) 등의 동사의 p.p 형태가 get 뒤에 나올 수 있습니다. 자주 사용되는 get 상태 변화 표현들을 꼭 외워주세요.

> **STEP 1 문장으로 익히기**

10번씩 반복해서 큰 소리로 읽어보며 내 것으로 만듭니다.

❶ I want to get promoted.
승진하고 싶어요.

❷ He didn't get promoted this time.
그는 이번에 승진하지 못했어요.

❸ How did you get hurt?
어쩌다가 다쳤어요?

❹ Did anyone get hurt?
다친 사람 있어요?

❺ He got caught cheating.
그는 부정행위를 하다가 잡혔어요.

❻ When did you get married?
언제 결혼했어요?

❼ I got married last May.
저는 지난 5월에 결혼했어요.

학습한 문장을 활용해 실전 대화 연습을 해 봅시다.

A **When did you get married?**
언제 결혼했어요?

B **I got married last May.**
저는 지난 5월에 결혼했어요.

A **James looks so sad today.**
제임스가 오늘 너무 슬퍼 보이네요.

B **He didn't get promoted this time.**
이번에 승진하지 못했거든요.

1초 안에 영어로 나오지 않는다면 1번에서 다시 연습합니다.

❶ 승진하고 싶어요.

❷ 그는 이번에 승진하지 못했어요.

❸ 어쩌다가 다쳤어요?

❹ 다친 사람 있어요?

❺ 그는 부정행위를 하다가 잡혔어요.

❻ 언제 결혼했어요?

❼ 저는 지난 5월에 결혼했어요.

DAY 008
GET
① ~에게 ~를 시키다

get은 '~하게 하다'라는 뜻도 있습니다. 따라서 get 뒤에 사람이 오고 to 부정사가 나와 〈get + 사람 + to부정사〉 형태가 되면 '~에게 ~을 시키다'라는 의미가 됩니다.

MP3 듣기

> ## STEP 1 문장으로 익히기

10번씩 반복해서 큰 소리로 읽어보며 내 것으로 만듭니다.

❶ **She got me to make coffee.**
그녀는 나에게 커피를 타게 했어요.

❷ **I'll get her to wash the dishes.**
그녀에게 설거지를 시키겠습니다.

❸ **I'll get Jenny to pick you up.**
제가 제니에게 당신을 데리러 가라고 할게요.

❹ **I will get him to accept your offer.**
그가 당신의 제안을 받아들이도록 할게요.

❺ **Can you get Mike to pick up the phone?**
마이크에게 전화 좀 받으라고 해 주시겠어요?

❻ **My mother got me to clean the room.**
엄마가 방을 청소하라고 시켰어요.

❼ **How can I get Suji to dress better?**
어떻게 하면 수지가 옷을 더 잘 입게 할 수 있을까요?

학습한 문장을 활용해 실전 대화 연습을 해 봅시다.

A **How can I get Suji to dress better?**
어떻게 하면 수지가 옷을 더 잘 입게 할 수 있을까요?

B **It's useless. Just give up.**
쓸데없는 짓이야. 그냥 포기해.

A **It's raining too much. I didn't bring my umbrella.**
비가 너무 많이 오네요. 우산 안 가져 왔어요.

B **I'll get Jenny to pick you up.**
제가 제니에게 당신을 데리러 가라고 할게요.

1초 안에 영어로 나오지 않는다면 1번에서 다시 연습합니다.

❶ 그녀는 나에게 커피를 타게 했어요.

❷ 그녀에게 설거지를 시키겠습니다.

❸ 제가 제니에게 당신을 데리러 가라고 할게요.

❹ 그가 당신의 제안을 받아들이도록 할게요.

❺ 마이크에게 전화 좀 받으라고 해 주시겠어요?

❻ 엄마가 방을 청소하라고 시켰어요.

❼ 어떻게 하면 수지가 옷을 더 잘 입게 할 수 있을까요?

Review

그동안 배운 표현을 다시 한번 크게 5번 따라 읽어 본 후, 혼자서 크게 5번 읽어 봅시다.

❶ Where can I get a ticket?

따라 읽기 ① ② ③ ④ ⑤ / 혼자서 읽기 ① ② ③ ④ ⑤

❷ Can I get another cup of coffee?

따라 읽기 ① ② ③ ④ ⑤ / 혼자서 읽기 ① ② ③ ④ ⑤

❸ Can I get a refund?

따라 읽기 ① ② ③ ④ ⑤ / 혼자서 읽기 ① ② ③ ④ ⑤

❹ Can I get you a cup of coffee?

따라 읽기 ① ② ③ ④ ⑤ / 혼자서 읽기 ① ② ③ ④ ⑤

❺ I got it.

따라 읽기 ① ② ③ ④ ⑤ / 혼자서 읽기 ① ② ③ ④ ⑤

❻ How can I get to the bus stop?

따라 읽기 ① ② ③ ④ ⑤ / 혼자서 읽기 ① ② ③ ④ ⑤

❼ Don't get angry at me.

따라 읽기 ① ② ③ ④ ⑤ / 혼자서 읽기 ① ② ③ ④ ⑤

❽ He didn't get promoted this time.

따라 읽기 ① ② ③ ④ ⑤ / 혼자서 읽기 ① ② ③ ④ ⑤

❾ I got married last May.

따라 읽기 ① ② ③ ④ ⑤ / 혼자서 읽기 ① ② ③ ④ ⑤

❿ Can you get Mike to pick up the phone?

따라 읽기 ① ② ③ ④ ⑤ / 혼자서 읽기 ① ② ③ ④ ⑤

영어로 말해 봅니다.

왼쪽 페이지를 가리고 영어로 말해 봅시다.

1 표는 어디서 살 수 있나요?

---

2 커피 한 잔 더 주실래요?

---

3 환불받을 수 있나요?

---

4 커피 한 잔 갖다 드릴까요?

---

5 알겠어요.

---

6 버스정류장까지 어떻게 가나요?

---

7 저에게 화내지 마세요.

---

8 그는 이번에 승진하지 못했어요.

---

9 저는 지난 5월에 결혼했어요.

---

10 마이크에게 전화 좀 받으라고 해 주시겠어요?

UNIT 2

원어민이 매일 사용하는
필수동사

HAVE

HAVE
① 가지다

MP3 듣기

동사 have의 기본 의미는 '가지다'입니다. 이미 가지고 있는 상태를 나타내므로 '~가 있다'라고 해석되기도 합니다. have 뒤에는 돈, 노트북 컴퓨터 등 다양한 사물이 나올 수 있습니다. 내가 가지고 있는 것들을 have를 활용해서 말해 보세요.

> ## STEP 1 문장으로 익히기

10번씩 반복해서 큰 소리로 읽어보며 내 것으로 만듭니다.

❶ I have a lot of money.
저는 돈이 많아요.

❷ I have a few friends in France.
프랑스에 친구가 몇 명 있어요.

❸ I have a house in Seoul.
저는 서울에 집이 있어요.

❹ I want to have a laptop.
노트북 컴퓨터를 갖고 싶어요.

❺ Do you have a comb?
빗 있어요?

❻ Every room in the hotel has an air conditioner.
호텔의 모든 방에는 에어컨이 있습니다.

❼ How many brothers and sisters do you have?
형제자매가 몇 명입니까?

학습한 문장을 활용해 실전 대화 연습을 해 봅시다.

A How many brothers and sisters do you have?
형제자매가 몇 명입니까?

B I'm an only child.
저는 외동이에요.

~~~~~~

A What do you want for your birthday?
생일 선물로 뭘 원하세요?

B I want to have a laptop.
노트북 컴퓨터를 갖고 싶어요.

1초 안에 영어로 나오지 않는다면 1번에서 다시 연습합니다.

❶ 저는 돈이 많아요.

❷ 프랑스에 친구가 몇 명 있어요.

❸ 저는 서울에 집이 있어요.

❹ 노트북 컴퓨터를 갖고 싶어요.

❺ 빗 있어요?

❻ 호텔의 모든 방에는 에어컨이 있습니다.

❼ 형제자매가 몇 명입니까?

DAY 010

HAVE
① (추상적인 개념을) 가지다

MP3 듣기

동사 have는 '추상적인 개념을 가지다'라는 의미가 있습니다. 뒤에는 생각, 성격, 시간 등 다양한 표현이 등장할 수 있습니다. '아이디어를 가지다'라는 말은 '아이디어가 있다', '시간을 가지다'는 '시간을 보내다/시간이 있다' 등으로 자연스럽게 해석해 주세요.

STEP 1 문장으로 익히기

10번씩 반복해서 큰 소리로 읽어보며 내 것으로 만듭니다.

❶ I have an idea.
좋은 생각이 있어요.

❷ She has a great personality.
그녀는 성격이 아주 좋아요.

❸ Do you have a question?
질문 있으신가요?

❹ Did you have a good time?
즐거운 시간 보냈어요?

❺ We had a busy day yesterday.
우리는 어제 바쁜 하루를 보냈어요.

❻ I don't have enough time to read a book.
저는 책을 읽을 시간이 충분하지 않아요.

❼ Korea has a very interesting culture.
한국은 매우 흥미로운 문화를 가지고 있습니다.

학습한 문장을 활용해 실전 대화 연습을 해 봅시다.

🅐 **Did you have a good time?**

즐거운 시간 보냈어요?

🅑 **It was the best winter vacation ever.**

최고의 겨울방학이었어요.

~~~~~~

🅐 **Do you read a lot of books these days?**

요즘 책을 많이 읽나요?

🅑 **I don't have enough time to read a book.**

저는 책을 읽을 시간이 충분하지 않아요.

1초 안에 영어로 나오지 않는다면 1번에서 다시 연습합니다.

❶ 좋은 생각이 있어요.

❷ 그녀는 성격이 아주 좋아요.

❸ 질문 있으신가요?

❹ 즐거운 시간 보냈어요?

❺ 우리는 어제 바쁜 하루를 보냈어요.

❻ 저는 책을 읽을 시간이 충분하지 않아요.

❼ 한국은 매우 흥미로운 문화를 가지고 있습니다.

DAY 011

HAVE
① (신체적 특징을) 가지다

MP3 듣기

동사 have는 '(신체적인 특징을) 가지다'라는 말로도 사용됩니다. '건성 피부를 가지고 있다' 혹은 '좋은 목소리 가지고 있다' 등 다양한 신체적 특징을 말할 수 있습니다. 여러분의 신체적 특징도 have를 활용해서 말해보세요.

> **STEP 1** 문장으로 익히기

10번씩 반복해서 큰 소리로 읽어보며 내 것으로 만듭니다.

❶ I have dry skin.
저는 건성 피부예요.

❷ I have a good voice.
난 좋은 목소리를 가지고 있어요.

❸ She has white skin and long straight black hair.
그녀는 하얀 피부에 검은색 긴 생머리를 가지고 있습니다.

❹ Does she have dark skin?
그녀는 피부가 검은가요?

❺ The koala has big ears and a big nose.
코알라는 큰 귀와 큰 코를 가지고 있습니다.

❻ He has straight hair and brown eyes.
그는 생머리에 갈색 눈을 가지고 있습니다.

❼ He has a good body type as a basketball player.
그는 농구 선수로서 좋은 체형을 가지고 있습니다.

STEP 2 실전 대화에서 연습하기

학습한 문장을 활용해 실전 대화 연습을 해 봅시다.

A He has a good body type as a basketball player.
그는 농구 선수로서 좋은 체형을 가지고 있습니다.

B He'll make a good basketball player.
그는 훌륭한 농구선수가 될 거예요.

이 문장에서 make는 '~가 되다'라는 의미입니다.

A What does she look like?
그녀는 어떻게 생겼나요?

B She has white skin and long straight black hair.
그녀는 하얀 피부에 검은색 긴 생머리를 가지고 있습니다.

STEP 3 1초 안에 영어로 말해 보기

1초 안에 영어로 나오지 않는다면 1번에서 다시 연습합니다.

❶ 저는 건성 피부예요.

❷ 난 좋은 목소리를 가지고 있어요.

❸ 그녀는 하얀 피부에 검은색 긴 생머리를 가지고 있습니다.

❹ 그녀는 피부가 검은가요?

❺ 코알라는 큰 귀와 큰 코를 가지고 있습니다.

❻ 그는 생머리에 갈색 눈을 가지고 있습니다.

❼ 그는 농구 선수로서 좋은 체형을 가지고 있습니다.

DAY 012

HAVE
① (질병이) 있다

MP3 듣기

동사 have는 '질병이 있다'라는 의미가 있습니다. 감기나 두통 같은 특정 질병을 '가지다'라는 말로 활용됩니다. I have a cold. (감기에 걸리다.)와 같은 표현은 많이 사용되니 꼭 외워주세요.

> **STEP 1** 문장으로 익히기

10번씩 반복해서 큰 소리로 읽어보며 내 것으로 만듭니다.

❶ I have the flu.
독감에 걸렸어요

❷ I have a headache.
두통이 있어요

❸ I have a backache.
허리가 아파요.

❹ I have a stomachache.
배가 아파요.

❺ Do you have any pain?
어디 아픈데 있어요?

❻ Do you have a fever?
열이 있나요?

❼ I have a cold, so I have to see a doctor.
감기에 걸려서 병원에 가야 해요.

학습한 문장을 활용해 실전 대화 연습을 해 봅시다.

A **Do you have any pain?**
어디 아픈데 있어요?

B **I have a stomachache.**
배가 아파요.

~~~~~~

A **Do you have a fever?**
열이 있나요?

B **I have a cold, so I have to see a doctor.**
감기에 걸려서 병원에 가야 해요.

1초 안에 영어로 나오지 않는다면 1번에서 다시 연습합니다.

❶ 독감에 걸렸어요.

❷ 두통이 있어요.

❸ 허리가 아파요.

❹ 배가 아파요.

❺ 어디 아픈데 있어요?

❻ 열이 있나요?

❼ 감기에 걸려서 병원에 가야 해요.

DAY 013

HAVE
① (미팅, 약속 등이) 있다
② 대화를 하다

MP3 듣기

'미팅이나 약속 등이 있다', '대화를 하다'라는 표현도 have를 사용해서 표현할 수 있습니다. 대화를 가진다는 것은 대화를 하는 것이라고 볼 수 있습니다. have a meeting과 같은 표현들은 꼭 덩어리로 외워주세요.

STEP 1 문장으로 익히기

10번씩 반복해서 큰 소리로 읽어보며 내 것으로 만듭니다.

❶ We have a meeting at 12.
우리는 12시에 회의가 있습니다.

❷ I'm afraid I have a meeting then.
죄송하지만 그때는 회의가 있어요.

❸ Do you have a meeting this afternoon?
오늘 오후에 회의 있어?

❹ Do you have an appointment with him?
그와 약속을 하고 오셨습니까?

❺ I have an appointment with him at 4:00.
4시에 그와 약속을 했는데요.

❻ I think we need to have a conversation.
우리 대화를 좀 해야 할 것 같아.

❼ I just want to have a conversation with you.
저는 단지 당신과 대화를 하고 싶습니다.

학습한 문장을 활용해 실전 대화 연습을 해 봅시다.

A I have an appointment with him at 4:00.
4시에 그와 약속을 했는데요.

B Please come this way.
이쪽으로 오세요.

~~~~~~~~~~~~~~~~~~~~~~~~~~~~~~~~~~~~~~

A Do you have time this afternoon?
오늘 오후에 시간 있으세요?

B I'm afraid I have a meeting then.
죄송하지만 그때는 회의가 있어요.

1초 안에 영어로 나오지 않는다면 1번에서 다시 연습합니다.

1 우리는 12시에 회의가 있습니다.

2 죄송하지만 그때는 회의가 있어요.

3 오늘 오후에 회의 있어?

4 그와 약속을 하고 오셨습니까?

5 4시에 그와 약속을 했는데요.

6 우리 대화를 좀 해야 할 것 같아.

7 저는 단지 당신과 대화를 하고 싶습니다.

HAVE
① (계획이나 기회를) 가지다

MP3 듣기

'어떤 계획이나 기회를 가진다'라고 할 때도 have를 사용할 수 있습니다. 뒤에 미래를 나타내는 to부정사를 활용해서 '(~할) 계획이나 기회를 가지다'라는 표현으로 확장할 수도 있습니다.

STEP 1 문장으로 익히기

10번씩 반복해서 큰 소리로 읽어보며 내 것으로 만듭니다.

❶ Do you have a plan?
계획이 있어요?

❷ Do you have a plan to study abroad?
해외에서 공부할 계획이 있나요?

❸ I don't think they have a chance.
난 그들에게 기회가 있다고 생각하지 않아.

❹ I didn't have a chance to tell you.
너에게 말해줄 기회가 없었어.

❺ We still have a chance to solve this problem.
우리는 아직 이 문제를 해결할 기회가 있어요.

❻ Do you have a reason for that?
꼭 그래야 할 이유가 있나요?

❼ I don't have a reason to come back.
돌아갈 이유가 없어요.

학습한 문장을 활용해 실전 대화 연습을 해 봅시다.

A Do you have a plan to study abroad?
해외에서 공부할 계획이 있나요?

B Not yet. I'll think about it.
아직은 없어요. 생각해 볼게요.

~~~~~~~~~~~~~~~~~~~~~~~~~~~~~~~~~~

A Why didn't you tell me before?
왜 진작 내게 말하지 않았어?

B I didn't have a chance to tell you.
말할 기회가 없었어.

STEP 3 1초 안에 영어로 말해 보기

1초 안에 영어로 나오지 않는다면 1번에서 다시 연습합니다.

❶ 계획이 있어요?

❷ 해외에서 공부할 계획이 있나요?

❸ 난 그들에게 기회가 있다고 생각하지 않아.

❹ 너에게 말해줄 기회가 없었어.

❺ 우리는 아직 이 문제를 해결할 기회가 있어요.

❻ 꼭 그래야 할 이유가 있나요?

❼ 돌아갈 이유가 없어요.

DAY 015

HAVE

① 먹다
② 마시다

MP3 듣기

have 뒤에 음식이 오면 '먹다(eat)', '마시다(drink)'라는 의미가 됩니다. 예를 들어서 '점심을 먹다'는 have lunch라고 할 수 있습니다. 특정한 음식을 먹거나 마신다고 할 때는 eat, drink 보다 have가 더 어울립니다.

> **STEP 1** 문장으로 익히기

10번씩 반복해서 큰 소리로 읽어보며 내 것으로 만듭니다.

❶ I just had lunch.
방금 점심 먹었어요.

❷ I want to have some coffee.
커피를 마시고 싶어요.

❸ I had dinner with my father.
저는 아버지와 저녁을 먹었습니다.

❹ She always has a sandwich for lunch.
그녀는 항상 점심으로 샌드위치를 먹습니다.

❺ What do you usually have for lunch?
점심식사로 주로 무엇을 드시나요?

❻ Where do you usually have lunch?
보통 어디서 점심을 드세요?

❼ Would you like to have dinner with me sometime?
언제 저와 함께 저녁 식사하시겠어요?

학습한 문장을 활용해 실전 대화 연습을 해 봅시다.

A What do you usually have for lunch?
점심식사로 주로 무엇을 드시나요?

B I usually have a sandwich for lunch.
점심은 보통 샌드위치를 먹습니다.

~~~~~~

A Would you like to have lunch with me?
같이 점심 드실래요?

B I just had lunch.
방금 점심 먹었어요.

1초 안에 영어로 나오지 않는다면 1번에서 다시 연습합니다.

① 방금 점심 먹었어요.

② 커피를 마시고 싶어요.

③ 저는 아버지와 저녁을 먹었습니다.

④ 그녀는 항상 점심으로 샌드위치를 먹습니다.

⑤ 점심식사로 주로 무엇을 드시나요?

⑥ 보통 어디서 점심을 드세요?

⑦ 언제 저와 함께 저녁 식사하시겠어요?

DAY 016

HAVE

① ~에게 ~을 하게 하다
② ~가 ~되게 하다

MP3 듣기

have는 어떤 사물이 어떻게 되도록 하거나, 어떤 사람에게 무언가를 하게 한다는 의미가 있습니다. 의미에 따라서 뒤에 나오는 동사의 모양이 달라지는데요. have 뒤에 나오는 대상이 직접 하는 상황에서는 동사의 원형을 사용하고, 당하는 느낌이 있으면 p.p 형태를 사용해야 합니다.

> ## STEP 1 문장으로 익히기

10번씩 반복해서 큰 소리로 읽어보며 내 것으로 만듭니다.

❶ **He had me do it.**
그는 나에게 그것을 하도록 시켰어요.

❷ **I'll have my assistant call you.**
제 비서에게 전화하라고 할게요.

❸ **My father had me wash the car.**
아버지는 저에게 세차를 시켰어요.

❹ **Did you have the electrician repair the TV?**
전기 기사에게 TV 수리를 맡겼나요?

❺ **I want to have my hair cut.**
머리를 자르고 싶어요.

❻ **I'd like to have my car repaired.**
제 차를 수리하고 싶습니다.

❼ **You should have your teeth checked.**
치아 검진을 받아야 해요.

STEP 2 실전 대화에서 연습하기

학습한 문장을 활용해 실전 대화 연습을 해 봅시다.

A Did you have the electrician repair the TV?

전기 기사에게 TV 수리를 맡겼나요?

B It completely slipped my mind.

까맣게 잊고 있었어요.

~~~~~~

A I have a bad toothache.

치통이 심해요.

B You should have your teeth checked.

치아 검진을 받아야 해요.

STEP 3 1초 안에 영어로 말해 보기

1초 안에 영어로 나오지 않는다면 1번에서 다시 연습합니다.

❶ 그는 나에게 그것을 하도록 시켰어요.

❷ 제 비서에게 전화하라고 할게요.

❸ 아버지는 저에게 세차를 시켰어요.

❹ 전기 기사에게 TV 수리를 맡겼나요?

❺ 머리를 자르고 싶어요.

❻ 제 차를 수리하고 싶습니다.

❼ 치아 검진을 받아야 해요.

그동안 배운 표현을 다시 한번 크게 5번 따라 읽어 본 후, 혼자서 크게 5번 읽어 봅시다.

1 I have a few friends in France.

따라 읽기 ① ② ③ ④ ⑤ / 혼자서 읽기 ① ② ③ ④ ⑤

2 I have an idea.

따라 읽기 ① ② ③ ④ ⑤ / 혼자서 읽기 ① ② ③ ④ ⑤

3 Did you have a good time?

따라 읽기 ① ② ③ ④ ⑤ / 혼자서 읽기 ① ② ③ ④ ⑤

4 I have dry skin.

따라 읽기 ① ② ③ ④ ⑤ / 혼자서 읽기 ① ② ③ ④ ⑤

5 I have a headache.

따라 읽기 ① ② ③ ④ ⑤ / 혼자서 읽기 ① ② ③ ④ ⑤

6 Do you have a fever?

따라 읽기 ① ② ③ ④ ⑤ / 혼자서 읽기 ① ② ③ ④ ⑤

7 We have a meeting at 12.

따라 읽기 ① ② ③ ④ ⑤ / 혼자서 읽기 ① ② ③ ④ ⑤

8 Do you have a plan to study abroad?

따라 읽기 ① ② ③ ④ ⑤ / 혼자서 읽기 ① ② ③ ④ ⑤

9 I want to have some coffee.

따라 읽기 ① ② ③ ④ ⑤ / 혼자서 읽기 ① ② ③ ④ ⑤

10 I'll have my assistant call you.

따라 읽기 ① ② ③ ④ ⑤ / 혼자서 읽기 ① ② ③ ④ ⑤

왼쪽 페이지를 가리고 영어로 말해 봅시다.

① 프랑스에 친구가 몇 명 있어요.

----

② 좋은 생각이 있어요.

----

③ 즐거운 시간 보냈어요?

----

④ 저는 건성 피부예요.

----

⑤ 두통이 있어요.

----

⑥ 열이 있나요?

----

⑦ 우리는 12시에 회의가 있습니다.

----

⑧ 해외에서 공부할 계획이 있나요?

----

⑨ 커피를 마시고 싶어요.

----

⑩ 제 비서에게 전화하라고 할게요.

----

3 UNIT

원어민이 매일 사용하는
필수동사
TAKE

DAY 017

TAKE

① 취하다
② 잡다
③ 받다

MP3 듣기

동사 take의 기본 의미는 '(어떤 대상을) 취하다'입니다. 취한다는 것은 무언가를 잡거나 받는다는 의미로도 볼 수 있습니다. 그 자리에서 손을 뻗어서 뭔가를 잡는 이미지를 떠올려 주시면 됩니다.

> **STEP 1 문장으로 익히기**

10번씩 반복해서 큰 소리로 읽어보며 내 것으로 만듭니다.

❶ **Take this.**
이거 받아요.

❷ **He took my hand.**
그가 내 손을 잡았어.

❸ **I will take this shirt.**
이 셔츠로 할게요.

❹ **Take this dress. You're going to love it.**
이 드레스 받아. 좋아할 거야.

❺ **Will you take my hand?**
제 손을 잡아 주시겠어요?

❻ **Do you take credit cards?**
신용카드 받나요?

❼ **We take cash only.**
저희는 현금만 받습니다.

학습한 문장을 활용해 실전 대화 연습을 해 봅시다.

A Take this dress. You're going to love it.

이 드레스 받아. 좋아할 거야.

B This dress is so pretty. Thank you.

너무 예쁘네요. 감사합니다.

A Do you take credit cards?

신용카드 받나요?

B Yes, no problem. How many monthly <u>installments</u> would you like?

네, 문제없습니다. 몇 개월 할부로 해드릴까요?

신용카드 할부는 installment입니다. '3개월 할부로 구매하다'는 buy something in three month (credit card) installment plan 이라고 하면 됩니다.

1초 안에 영어로 나오지 않는다면 1번에서 다시 연습합니다.

❶ 이거 받아요.

❷ 그가 내 손을 잡았어.

❸ 이 셔츠로 할게요.

❹ 이 드레스 받아. 좋아할 거야.

❺ 제 손을 잡아 주시겠어요?

❻ 신용카드 받나요?

❼ 저희는 현금만 받습니다.

DAY 018
TAKE
① 가지고 가다
② 데리고 가다

MP3 듣기

동사 take를 활용해서 어떤 대상을 한 곳에서 다른 곳으로 가지고 가거나, 어떤 사람을 어딘가로 데리고 간다는 말을 할 수 있습니다. '~로'라는 방향성을 가진 전치사 to도 함께 쓰이는 경우가 많습니다.

> ## STEP 1 문장으로 익히기

10번씩 반복해서 큰 소리로 읽어보며 내 것으로 만듭니다.

❶ Don't forget to take your umbrella.
우산 가져가는 거 잊지 마세요.

❷ This bus will take you to the museum.
이 버스를 타면 박물관에 갈 수 있습니다.

❸ I'll take my car to the repair center.
제 차를 수리 센터로 가지고 갈게요.

❹ I took the children to the park.
아이들을 공원에 데리고 갔어요.

❺ I had to take Tom to the hospital.
저는 톰을 병원에 데려가야 했어요.

❻ I'll take you home by car.
차로 댁까지 모셔다 드리겠습니다.

❼ Can you take this to the bank?
이것을 은행에 가져가 주시겠어요?

학습한 문장을 활용해 실전 대화 연습을 해 봅시다.

A I'll pop out to the supermarket.

잠깐 슈퍼마켓에 갔다 올게요.

B It's raining outside. Don't forget to take your umbrella.

밖에 비가 오고 있어요. 우산 가져가는 거 잊지 마세요.

pop out은 '잠시 외출하다'라는 의미입니다.

A Where did you go last night?

어젯밤에 어디 갔었어요?

B I took the children to the park.

아이들을 공원에 데리고 갔어요.

1초 안에 영어로 나오지 않는다면 1번에서 다시 연습합니다.

❶ 우산 가져가는 거 잊지 마세요.

❷ 이 버스를 타면 박물관에 갈 수 있습니다.

❸ 제 차를 수리 센터로 가지고 갈게요.

❹ 아이들을 공원에 데리고 갔어요.

❺ 저는 톰을 병원에 데려가야 했어요.

❻ 차로 댁까지 모셔다 드리겠습니다.

❼ 이것을 은행에 가져가 주시겠어요?

DAY 019

TAKE
① 받아들이다

MP3 듣기

take와 충고나 책임 등의 명사와 함께 쓰이면 '(책임이나 충고를) 받아들이다'라는 의미가 됩니다. 항상 진지한 친구에게 Don't take it seriously. (심각하게 받아들이지 마.)라고 말해 주면 됩니다.

> ## STEP 1 문장으로 익히기

10번씩 반복해서 큰 소리로 읽어보며 내 것으로 만듭니다.

❶ Take my advice.
내 충고 들어.

❷ You should take my advice.
내 충고를 받아들여야 해요.

❸ Don't take it seriously.
심각하게 받아들이지 마세요.

❹ I can't take it anymore.
더 이상 참을 수가 없어요.

❺ I'll take the blame for it.
제가 그에 대한 책임을 지겠습니다.

❻ Someone has to take the blame.
누군가는 책임을 져야 합니다.

❼ I didn't take him too seriously.
저는 그를 너무 심각하게 받아들이지 않았어요.

학습한 문장을 활용해 실전 대화 연습을 해 봅시다.

A What's the matter with you?
무슨 일 있어요?

B Don't take it seriously. It's nothing.
심각하게 받아들이지 마세요. 별 거 아니에요.

A Someone has to take the blame.
누군가는 책임을 져야 합니다.

B I'll take the blame for it.
제가 그에 대한 책임을 지겠습니다.

1초 안에 영어로 나오지 않는다면 1번에서 다시 연습합니다.

❶ 내 충고 들어.

❷ 내 충고를 받아들여야 해요.

❸ 심각하게 받아들이지 마세요.

❹ 더 이상 참을 수가 없어요.

❺ 제가 그에 대한 책임을 지겠습니다.

❻ 누군가는 책임을 져야 합니다.

❼ 저는 그를 너무 심각하게 받아들이지 않았어요.

DAY 020
TAKE
① 수강하다
② 시험을 치르다

MP3 듣기

take 뒤에 수업이나 시험 등이 오면 '수강하다', '시험을 치르다'라는 의미가 됩니다. take a class, take a test와 같은 덩어리 표현을 기억해주세요.

> ## STEP 1 문장으로 익히기

10번씩 반복해서 큰 소리로 읽어보며 내 것으로 만듭니다.

❶ I took an English class.
저는 영어 수업을 들었어요.

❷ I took an exam a few days ago.
며칠 전에 시험을 봤어요.

❸ Are we taking an exam here?
우리 여기서 시험 보는 거예요?

❹ I took a final exam today.
저는 오늘 기말고사를 봤어요.

❺ I won't take a test for you.
저는 당신 대신 시험을 보지 않을 거예요.

❻ Why don't you take an English class?
영어 수업을 듣는 게 어때요?

❼ I'm going to take a yoga class.
요가 수업을 들을 거예요.

STEP 2 실전 대화에서 연습하기

학습한 문장을 활용해 실전 대화 연습을 해 봅시다.

A I'm worried about my poor English.

제 영어가 서툴러서 걱정이에요.

B Why don't you take an English class?

영어 수업을 듣는 게 어때요?

A I took an exam a few days ago.

며칠 전에 시험을 봤어요.

B Did you do well on your exam?

시험은 잘 봤어요?

STEP 3 1초 안에 영어로 말해 보기

1초 안에 영어로 나오지 않는다면 1번에서 다시 연습합니다.

❶ 저는 영어 수업을 들었어요.

❷ 며칠 전에 시험을 봤어요.

❸ 우리 여기서 시험 보는 거예요?

❹ 저는 오늘 기말고사를 봤어요.

❺ 저는 당신 대신 시험을 보지 않을 거예요.

❻ 영어 수업을 듣는 게 어때요?

❼ 요가 수업을 들을 거예요.

DAY 021

TAKE
① 목욕/샤워를 하다
② 낮잠을 자다

MP3 듣기

take 뒤에 목욕이나 샤워 표현이 등장하면 '목욕이나 샤워를 하다'라는 의미가 됩니다. 또한 '낮잠을 자다'라는 말을 할 때도 take를 사용할 수 있습니다.

> **STEP 1** **문장으로 익히기**

10번씩 반복해서 큰 소리로 읽어보며 내 것으로 만듭니다.

❶ I usually take a bath after dinner.
저는 보통 저녁 식사 후에 목욕을 합니다.

❷ He didn't take a bath last night.
그는 어젯밤에 목욕을 하지 않았어요.

❸ I took a shower before breakfast.
아침 식사 전에 샤워를 했어요.

❹ I take a shower every day.
저는 매일 샤워를 합니다.

❺ Don't take a shower too often.
너무 자주 샤워하지 마세요.

❻ I took a nap for thirty minutes.
30분 동안 낮잠을 잤어요.

❼ Why don't you take a nap after lunch?
점심 식사 후에 낮잠을 자는 게 어때요?

학습한 문장을 활용해 실전 대화 연습을 해 봅시다.

Ⓐ **I'm not feeling well.**
몸 상태가 안 좋아요.

Ⓑ **Why don't you take a nap after lunch?**
점심 식사 후에 낮잠을 자는 게 어때요?

~~~~~~

Ⓐ **Did you take a shower?**
샤워했어요?

Ⓑ **I took a shower before breakfast.**
아침 식사 선에 샤워를 했어요.

STEP 3 1초 안에 영어로 말해 보기

1초 안에 영어로 나오지 않는다면 1번에서 다시 연습합니다.

❶ 저는 보통 저녁 식사 후에 목욕을 합니다.

❷ 그는 어젯밤에 목욕을 하지 않았어요.

❸ 아침 식사 전에 샤워를 했어요.

❹ 저는 매일 샤워를 합니다.

❺ 너무 자주 샤워하지 마세요.

❻ 30분 동안 낮잠을 잤어요.

❼ 점심 식사 후에 낮잠을 자는 게 어때요?

DAY 022 TAKE

① 산책을 하다
② 사진을 찍다
③ 잠시 휴식을 취하다

MP3 듣기

take 뒤에 다양한 명사 표현이 등장해서 '~을 하다'라는 의미가 됩니다. '산책을 하다', '사진을 찍다', '휴식을 취하다' 등도 take를 활용해서 표현할 수 있습니다.

STEP 1 문장으로 익히기

10번씩 반복해서 큰 소리로 읽어보며 내 것으로 만듭니다.

❶ I'm going to take a walk with Jenny.
저는 제니와 함께 산책을 할 거예요.

❷ I took a walk before lunch.
점심 식사 전에 산책을 했어요.

❸ Can I take a picture with you?
같이 사진 찍을 수 있을까요?

❹ Could you take a picture of me?
제 사진 좀 찍어 주시겠어요?

❺ Don't take pictures here.
여기서 사진 찍지 마세요.

❻ Why don't you take a break?
좀 쉬는 게 어때요?

❼ You should really take a break.
너 정말 쉬어야 할 것 같아.

학습한 문장을 활용해 실전 대화 연습을 해 봅시다.

A What are you going to do tonight?

오늘 밤에 뭐 할 거예요?

B I'm going to take a walk with Jenny.

저는 제니와 함께 산책을 할 거예요.

~~~~~~~~~~~~~~~~~~~~~~~~~~~~~~~~~~

A I was too busy all morning.

아침 내내 너무 바빴어요.

B Why don't you take a break?

좀 쉬는 게 어때요?

1초 안에 영어로 나오지 않는다면 1번에서 다시 연습합니다.

① 저는 제니와 함께 산책을 할 거예요.

② 점심 식사 전에 산책을 했어요.

③ 같이 사진 찍을 수 있을까요?

④ 제 사진 좀 찍어 주시겠어요?

⑤ 여기서 사진 찍지 마세요.

⑥ 좀 쉬는 게 어때요?

⑦ 너 정말 쉬어야 할 것 같아.

DAY 023

TAKE

① 돌보다
② ~을 보다
③ 책임지다

MP3 듣기

take 뒤에 다양한 명사 표현이 등장해서 '~을 하다'라는 의미가 됩니다. '(누군가를) 돌보다, ~을 보다, 책임지다'라는 말을 take를 활용해서 표현할 수 있습니다.

> (STEP 1) 문장으로 익히기

10번씩 반복해서 큰 소리로 읽어보며 내 것으로 만듭니다.

❶ Don't worry. I'll take care of her.

걱정하지 마세요. 제가 그녀를 돌볼게요.

❷ I can take care of myself.

제가 알아서 할 수 있어요

❸ James doesn't take care of his dog.

제임스는 그의 개를 돌보지 않아요.

❹ I will take full responsibility.

제가 모든 책임을 지겠습니다.

❺ He didn't take any responsibility.

그는 어떤 책임도 지지 않았어요.

❻ Please take a look at this picture.

이 사진 좀 봐 주세요.

❼ Do you want me to take a look at it?

제가 한번 봐 드릴까요?

학습한 문장을 활용해 실전 대화 연습을 해 봅시다.

A James doesn't take care of his dog.
제임스는 그의 개를 돌보지 않아요.

B I feel so sorry for the dog.
그 개가 너무 불쌍해요.

~~~~~~~~~~~~~~~~~~~~~~~~

A Please take a look at this picture. Isn't that a little weird?
이 사진 좀 봐 주세요. 좀 이상하지 않나요?

B You can't see the picture well because it's too bright, right?
사진이 너무 밝아서 잘 안 보이죠?

STEP 3 1초 안에 영어로 말해 보기

1초 안에 영어로 나오지 않는다면 1번에서 다시 연습합니다.

❶ 걱정하지 마세요. 제가 그녀를 돌볼게요.

❷ 제가 알아서 할 수 있어요.

❸ 제임스는 그의 개를 돌보지 않아요.

❹ 제가 모든 책임을 지겠습니다.

❺ 그는 어떤 책임도 지지 않았어요.

❻ 이 사진 좀 봐 주세요.

❼ 제가 한번 봐 드릴까요?

DAY 024

TAKE
① (약을) 복용하다

MP3 듣기

take 뒤에 약이 나오면 '(약을) 복용하다'라는 의미가 됩니다. take (a) medicine (약을 복용하다)라는 표현을 다양한 형태로 활용해보세요.

> **STEP 1** 문장으로 익히기

10번씩 반복해서 큰 소리로 읽어보며 내 것으로 만듭니다.

❶ Take the medicine three times a day.
하루에 세 번 약을 드세요.

❷ Take this medicine after meals.
이 약은 식후에 드세요.

❸ Don't forget to take your vitamins.
비타민 먹는 거 잊지 마세요.

❹ I don't take any medicine.
약은 안 먹어요.

❺ Why do you take that medicine?
왜 그 약을 먹습니까?

❻ Do I have to take this medicine?
이 약을 꼭 먹어야 하나요?

❼ What medicine are you taking now?
지금 어떤 약을 복용하고 있나요?

STEP 2 **실전 대화에서 연습하기**

학습한 문장을 활용해 실전 대화 연습을 해 봅시다.

A Why do you take that medicine?

왜 그 약을 먹습니까?

B This medicine relieves pain.

이 약은 통증을 완화시켜 주거든요.

~~~~~~~~~~~~~~~~~~~~~~~~~~~~~~~~~~~

A Do I have to take this medicine?

이 약을 꼭 먹어야 하나요?

B Sure. Take this medicine after meals.

물론이죠. 이 약은 식후에 드세요.

STEP 3 **1초 안에 영어로 말해 보기**

1초 안에 영어로 나오지 않는다면 1번에서 다시 연습합니다.

① 하루에 세 번 약을 드세요.

② 이 약은 식후에 드세요.

③ 비타민 먹는 거 잊지 마세요.

④ 약은 안 먹어요.

⑤ 왜 그 약을 먹습니까?

⑥ 이 약을 꼭 먹어야 하나요?

⑦ 지금 어떤 약을 복용하고 있나요?

DAY 025

TAKE
① (교통수단, 도로 등을) 타다

MP3 듣기

take가 교통수단과 함께 사용되면 '(교통수단)을 타다'라는 의미가 됩니다. 고속도로, 에스컬레이터 등의 표현도 take와 함께 사용될 수 있습니다.

STEP 1 문장으로 익히기

10번씩 반복해서 큰 소리로 읽어보며 내 것으로 만듭니다.

❶ Let's take a bus.
버스를 타고 가죠.

❷ I'll take a taxi home.
택시를 타고 집에 갈게요.

❸ I take a subway to school.
저는 지하철을 타고 학교에 갑니다.

❹ Take an escalator over there.
저쪽에서 에스컬레이터를 타세요.

❺ I'm going to take the 10:00 train.
10시 기차를 탈 거예요.

❻ James took a direct flight to Boston.
제임스는 보스턴으로 가는 직항편을 탔습니다.

❼ We took a taxi to get there on time.
우리는 제시간에 도착하기 위해 택시를 탔습니다.

학습한 문장을 활용해 실전 대화 연습을 해 봅시다.

🅐 How can I get to the second floor?
2층까지 어떻게 가나요?

🅑 Take an escalator over there.
저쪽에서 에스컬레이터를 타세요.

~~~~~~~~~~~~~~~~~~~~~~~~~~~~~~~~

🅐 Do you want me to take you home?
집에 데려다 드릴까요?

🅑 It's okay. I'll take a taxi home.
괜찮아요. 택시를 타고 집에 갈게요.

1초 안에 영어로 나오지 않는다면 1번에서 다시 연습합니다.

❶ 버스를 타고 가죠.

❷ 택시를 타고 집에 갈게요.

❸ 저는 지하철을 타고 학교에 갑니다.

❹ 저쪽에서 에스컬레이터를 타세요.

❺ 10시 기차를 탈 거예요.

❻ 제임스는 보스턴으로 가는 직항편을 탔습니다.

❼ 우리는 제시간에 도착하기 위해 택시를 탔습니다.

DAY 026

TAKE
① (시간이) 걸리다

MP3 듣기

take 뒤에 시간 표현이 나오면 '(~의 시간이) 걸리다'라는 의미가 됩니다. 시간이 얼마나 오래 걸리는지 물어보거나, 답해 줄 때 take를 활용할 수 있습니다.

> ## STEP 1 문장으로 익히기

10번씩 반복해서 큰 소리로 읽어보며 내 것으로 만듭니다.

❶ Take your time.
천천히 하세요.

❷ It won't take long.
오래 걸리지 않을 거예요.

❸ Does it take long to get to Busan?
부산까지 가는데 오래 걸리나요?

❹ How long does it take to get there?
거기 가려면 얼마나 걸리죠?

❺ How long does it take on foot?
걸어서 얼마나 걸리죠?

❻ It takes about three weeks.
3주 정도 걸립니다.

❼ It took less than five minutes.
5분도 안 걸렸어요.

less than은 '~미만, ~보다 적게'라는 의미입니다.

학습한 문장을 활용해 실전 대화 연습을 해 봅시다.

A How long does it take on foot?
걸어서 얼마나 걸리죠?

B It won't take long.
오래 걸리지 않을 거예요.

~~~~~~~~~~~~~~~~~~~~~~~~~~~~~~~~~~~~

A How long does it take to get there?
거기 가려면 얼마나 걸리죠?

B It takes about an hour.
한 시간 정도 걸립니다.

1초 안에 영어로 나오지 않는다면 1번에서 다시 연습합니다.

❶ 천천히 하세요.

❷ 오래 걸리지 않을 거예요.

❸ 부산까지 가는데 오래 걸리나요?

❹ 거기 가려면 얼마나 걸리죠?

❺ 걸어서 얼마나 걸리죠?

❻ 3주 정도 걸립니다.

❼ 5분도 안 걸렸어요.

Review

MP3 듣기

그동안 배운 표현을 다시 한번 크게 5번 따라 읽어 본 후, 혼자서 크게 5번 읽어 봅시다.

1 I will take this shirt.

따라 읽기 ① ② ③ ④ ⑤ / 혼자서 읽기 ① ② ③ ④ ⑤

2 Do you take credit cards?

따라 읽기 ① ② ③ ④ ⑤ / 혼자서 읽기 ① ② ③ ④ ⑤

3 This bus will take you to the museum.

따라 읽기 ① ② ③ ④ ⑤ / 혼자서 읽기 ① ② ③ ④ ⑤

4 You should take my advice.

따라 읽기 ① ② ③ ④ ⑤ / 혼자서 읽기 ① ② ③ ④ ⑤

5 I took a final exam today.

따라 읽기 ① ② ③ ④ ⑤ / 혼자서 읽기 ① ② ③ ④ ⑤

6 I take a shower every day.

따라 읽기 ① ② ③ ④ ⑤ / 혼자서 읽기 ① ② ③ ④ ⑤

7 Can I take a picture with you?

따라 읽기 ① ② ③ ④ ⑤ / 혼자서 읽기 ① ② ③ ④ ⑤

8 I can take care of myself.

따라 읽기 ① ② ③ ④ ⑤ / 혼자서 읽기 ① ② ③ ④ ⑤

9 Take the medicine three times a day.

따라 읽기 ① ② ③ ④ ⑤ / 혼자서 읽기 ① ② ③ ④ ⑤

10 I take a subway to school.

따라 읽기 ① ② ③ ④ ⑤ / 혼자서 읽기 ① ② ③ ④ ⑤

영어로 말해 봅시다.

왼쪽 페이지를 가리고 영어로 말해 봅시다.

❶ 이 셔츠로 할게요.

----

❷ 신용카드 받나요?

----

❸ 이 버스를 타면 박물관에 갈 수 있습니다.

----

❹ 내 충고를 받아들여야 해요.

----

❺ 저는 오늘 기말고사를 봤어요.

----

❻ 저는 매일 샤워를 합니다.

----

❼ 같이 사진 찍을 수 있을까요?

----

❽ 제가 알아서 할 수 있어요.

----

❾ 하루에 세 번 약을 드세요.

----

❿ 저는 지하철을 타고 학교에 갑니다.

원어민이 매일 사용하는
필수동사
MAKE

I'm going to make breakfast.

DAY 027

MAKE
① 만들다

MP3 듣기

동사 make의 기본 의미는 '만들다'입니다. 만드는 대상은 영화, 기계 등 다양한 것이 될 수 있습니다. make money(돈을 벌다)처럼 문맥에 따라 적절하게 해석해 주세요.

 STEP 1 문장으로 익히기

10번씩 반복해서 큰 소리로 읽어보며 내 것으로 만듭니다.

❶ Who made this movie?
누가 이 영화를 만들었나요?

❷ We are going to make a movie.
우리는 영화를 만들 거예요.

❸ Who made this great machine?
누가 이 훌륭한 기계를 만들었나요?

❹ The movie will make a lot of money.
그 영화는 많은 돈을 벌어들일 거예요.

❺ I know how to make money.
저는 돈을 버는 법을 알아요.

❻ We can make a big difference.
우리는 큰 변화를 만들 수 있습니다.

❼ That doesn't make any difference.
그건 별 차이가 없어요.

학습한 문장을 활용해 실전 대화 연습을 해 봅시다.

A Who made this great machine?

누가 이 훌륭한 기계를 만들었나요?

B Carrier made a new air conditioner in 1911.

캐리어가 1911년에 새로운 에어컨을 만들었어요.

~~~~~~

A This movie is awesome.

이 영화 끝내준다.

B That's right. The movie will make a lot of money.

맞아요. 그 영화는 많은 돈을 벌어들일 거예요.

STEP 3 1초 안에 영어로 말해 보기

1초 안에 영어로 나오지 않는다면 1번에서 다시 연습합니다.

❶ 누가 이 영화를 만들었나요?

❷ 우리는 영화를 만들 거예요.

❸ 누가 이 훌륭한 기계를 만들었나요?

❹ 그 영화는 많은 돈을 벌어들일 거예요.

❺ 저는 돈을 버는 법을 알아요.

❻ 우리는 큰 변화를 만들 수 있습니다.

❼ 그건 별 차이가 없어요.

DAY 028

MAKE
① 요리하다

MP3 듣기

make 뒤에 음식이 등장하면 '요리하다'라는 뜻이 됩니다. 특정 음식 뿐만 아니라 아침(breakfast), 점심(lunch), 저녁(dinner)을 만든다고 할 때도 make를 사용할 수 있습니다.

> **STEP 1** **문장으로 익히기**

10번씩 반복해서 큰 소리로 읽어보며 내 것으로 만듭니다.

❶ I'm going to make breakfast.
아침 식사를 만들 거예요.

❷ It's your turn to make lunch.
당신이 점심을 만들 차례입니다.

❸ You don't need to make dinner.
저녁을 만들 필요가 없습니다.

❹ Could you make some tea?
차 좀 만들어 주실래요?

❺ I was about to make some coffee.
막 커피를 끓이려던 참이었어요.

❻ I'm trying to make cheesecake.
치즈 케이크를 만들려고 해요.

❼ Can you help me make dinner tonight?
오늘 저녁 만드는 것 좀 도와줄래요?

학습한 문장을 활용해 실전 대화 연습을 해 봅시다.

A You don't need to make dinner. We'll go out for dinner tonight.

저녁 만들 필요 없어. 우리는 오늘 저녁에 외식할거야.

B Really? Let's eat something delicious!

진짜? 맛있는 거 먹자!

~~~~~~

A What are you doing now?

뭐하고 있어요?

B I'm trying to make cheesecake.

치즈 케이크를 만들려고 해요.

1초 안에 영어로 나오지 않는다면 1번에서 다시 연습합니다.

❶ 아침 식사를 만들 거예요.

❷ 당신이 점심을 만들 차례입니다.

❸ 저녁을 만들 필요가 없습니다.

❹ 차 좀 만들어 주실래요?

❺ 막 커피를 끓이려던 참이었어요.

❻ 치즈 케이크를 만들려고 해요.

❼ 오늘 저녁 만드는 것 좀 도와줄래요?

MAKE

① ~에게 ~를 만들어 주다

MP3 듣기

〈make + 사람 + 사물〉의 형태가 되면 '~에게 ~를 만들어 주다'라는 의미가 됩니다. '나에게 아침을 만들어 주다'라는 말은 순서대로 make me breakfast라고 말해 주면 됩니다.

> ### STEP 1　문장으로 익히기

10번씩 반복해서 큰 소리로 읽어보며 내 것으로 만듭니다.

❶ I'll make you a nice dinner.
맛있는 저녁 만들어 드릴게요.

❷ I can make you some salad.
샐러드를 만들어 드릴 수 있어요.

❸ I want to make him a special dinner.
그에게 특별한 저녁을 만들어 주고 싶어요.

❹ Can you make me a sandwich?
샌드위치 좀 만들어 주실래요?

❺ She used to make me breakfast.
그녀는 나에게 아침을 만들어 주곤 했어요.

❻ My father made me a kite.
아버지가 저에게 연을 만들어 줬어요.

❼ I made you a pizza yesterday.
내가 어제 피자 만들어 줬잖아.

학습한 문장을 활용해 실전 대화 연습을 해 봅시다.

A Can you make me a sandwich?
샌드위치 좀 만들어 주실래요?

B Okay. Let's have a sandwich and coffee together.
좋아요. 우리 같이 샌드위치랑 커피 마셔요.

A She used to make me breakfast.
그녀는 나에게 아침을 만들어 주곤 했어요.

B She was very kind.
그녀는 매우 친절했군요.

1초 안에 영어로 나오지 않는다면 1번에서 다시 연습합니다.

❶ 맛있는 저녁 만들어 드릴게요.

❷ 샐러드를 만들어 드릴 수 있어요.

❸ 그에게 특별한 저녁을 만들어 주고 싶어요.

❹ 샌드위치 좀 만들어 주실래요?

❺ 그녀는 나에게 아침을 만들어 주곤 했어요.

❻ 아버지가 저에게 연을 만들어 줬어요.

❼ 내가 어제 피자 만들어 줬잖아.

DAY 030

MAKE
① ~하다

MP3 듣기

make는 make a reservation (예약을 하다), make excuses (변명하다)처럼 특정 명사와 함께 쓰여서 '~을 하다'라는 의미로 사용됩니다. 자주 사용하는 표현들을 꼭 외워주세요.

> ## STEP 1 문장으로 익히기

10번씩 반복해서 큰 소리로 읽어보며 내 것으로 만듭니다.

❶ I'll make a reservation.
제가 예약할게요.

❷ Can I make a reservation?
예약할 수 있나요?

❸ Don't make any excuses.
변명하지 마세요.

❹ I don't want to make excuses anymore.
더 이상 변명하고 싶지 않아요.

❺ I made an agreement with my boss.
저는 상사와 합의했어요.

❻ I don't want to make a fool of myself.
제 자신을 웃음거리로 만들고 싶지 않아요.

❼ What if I make a mistake?
실수하면 어떡해요?

STEP 2 실전 대화에서 연습하기

학습한 문장을 활용해 실전 대화 연습을 해 봅시다.

A I didn't mean to do it.
일부러 그런 건 아니었어요.

B Don't make any excuses.
변명하지 마세요.

~~~~~~

A What if I make a mistake?
실수하면 어떡해요?

B Anyone can make mistakes.
누구나 실수를 할 수 있어요.

STEP 3 1초 안에 영어로 말해 보기

1초 안에 영어로 나오지 않는다면 1번에서 다시 연습합니다.

❶ 제가 예약할게요.

❷ 예약할 수 있나요?

❸ 변명하지 마세요.

❹ 더 이상 변명하고 싶지 않아요.

❺ 저는 상사와 합의했어요.

❻ 제 자신을 웃음거리로 만들고 싶지 않아요.

❼ 실수하면 어떡해요?

DAY 031

MAKE
① (성공적으로) ~에 가다, 도착하다

MP3 듣기

목적지에 잘 도착한다고 할 때도 make를 사용할 수 있습니다. 보통 〈make it to + 목적지〉 형태로 '~에 잘 도착하다'라는 의미로 쓰입니다.

> ## STEP 1　문장으로 익히기

10번씩 반복해서 큰 소리로 읽어보며 내 것으로 만듭니다.

❶ My goal is to make it to the top.
제 목표는 정상에 오르는 것입니다.

❷ You can't make it to the top by yourself.
혼자서는 정상에 오를 수 없어요.

❸ Did you make it to the bank?
은행에 도착했어요?

❹ I'm sorry we didn't make it to dinner.
우리가 저녁 식사에 못 가서 미안해요.

❺ I can't make it to your party tonight.
오늘 밤 당신 파티에 갈 수 없어요.

❻ I'll never make it to my bus on time.
버스 시간까지 도저히 못 가겠네요.

❼ I didn't even make it to first base.
저는 심지어 첫 단추도 끼우지 못했어요.

don't make it to first base는 사업이나 관계 등에서 '순조롭게 출발하지 못하다, 1단계를 넘지 못하다'라는 의미입니다.

STEP 2 실전 대화에서 연습하기

학습한 문장을 활용해 실전 대화 연습을 해 봅시다.

A My goal is to make it to the top.
제 목표는 정상에 오르는 것입니다.

B I'll always cheer for you.
항상 응원할게요.

~~~~~~

A I'll never make it to my bus on time.
버스 시간까지 도저히 못 가겠네요.

B That's okay. We can take the next bus.
괜찮아요. 다음 버스를 타면 돼요.

STEP 3 1초 안에 영어로 말해 보기

1초 안에 영어로 나오지 않는다면 1번에서 다시 연습합니다.

❶ 제 목표는 정상에 오르는 것입니다.

❷ 혼자서는 정상에 오를 수 없어요.

❸ 은행에 도착했어요?

❹ 우리가 저녁 식사에 못 가서 미안해요.

❺ 오늘 밤 당신 파티에 갈 수 없어요.

❻ 버스 시간까지 도저히 못 가겠네요.

❼ 저는 심지어 첫 단추도 끼우지 못했어요.

DAY 032

MAKE
① ~한 상태가 되다

MP3 듣기

어떤 사람이나 사물이 시간에 걸쳐 '~한 상태가 되다'라고 할 때 make를 사용할 수 있습니다. make sure는 '확실한 상태가 되게 하다'라는 뜻으로 상대에게 확실히 하라고 당부할 때 문장의 앞에 붙여 사용합니다.

> ## STEP 1 문장으로 익히기

10번씩 반복해서 큰 소리로 읽어보며 내 것으로 만듭니다.

❶ She will make a good teacher.
그녀는 좋은 선생님이 될 것입니다.

❷ Would I make a good wife?
내가 좋은 아내가 될 수 있을까?

❸ We will make a good team.
우리는 좋은 팀이 될 것입니다.

❹ I want to make sure you're safe.
당신이 안전한지 확인하고 싶어요.

❺ Could you make sure James is OK?
제임스가 괜찮은지 확인해 줄래요?

❻ Make sure you drive safely.
꼭 안전운전 하세요.

❼ Make sure you lock the door.
문을 꼭 잠그세요.

학습한 문장을 활용해 실전 대화 연습을 해 봅시다.

A I want to make sure you're safe.
당신이 안전한지 확인하고 싶어요.

B I'm fine. Thank you for your concern.
저는 괜찮아요. 걱정해 줘서 고마워요.

~~~~~~

A Jenny is so sweet and friendly.
제니는 정말 상냥하고 다정해요.

B She will make a good teacher.
그녀는 좋은 선생님이 될 것입니다.

1초 안에 영어로 나오지 않는다면 1번에서 다시 연습합니다.

❶ 그녀는 좋은 선생님이 될 것입니다.

❷ 내가 좋은 아내가 될 수 있을까?

❸ 우리는 좋은 팀이 될 것입니다.

❹ 당신이 안전한지 확인하고 싶어요.

❺ 제임스가 괜찮은지 확인해 줄래요?

❻ 꼭 안전운전 하세요.

❼ 문을 꼭 잠그세요.

MAKE
① ~를 ~한 상태로 만들다

MP3 듣기

〈make＋목적어＋형용사〉 형태가 되면 '~를 ~한 상태로 만들다'라는 의미가 됩니다. 예를 들어서 make me happy라고 하면 '나를 행복한 상태로 만들다' 즉 '나를 행복하게 하다'라는 의미가 됩니다.

> ### STEP 1 문장으로 익히기

10번씩 반복해서 큰 소리로 읽어보며 내 것으로 만듭니다.

❶ **You make me happy.**
당신은 나를 행복하게 해요.

❷ **He makes me sad.**
그는 나를 슬프게 해요.

❸ **The smell makes me sick.**
그 냄새 때문에 속이 메스꺼워요.

❹ **Don't make me angry.**
저를 화나게 하지 마세요.

❺ **You have to make it right.**
당신이 바로잡아야 합니다.

❻ **What makes you so sure?**
왜 그렇게 확신하죠?

❼ **You made the coffee too strong.**
커피를 너무 진하게 만들었어요.

sick은 '아픈'이라는 뜻도 있지만 '속이 메스꺼운, 토할 것 같은'이라는 의미도 있습니다.

STEP 2 실전 대화에서 연습하기

학습한 문장을 활용해 실전 대화 연습을 해 봅시다.

A What makes you so sure?
왜 그렇게 확신하죠?

B I've seen you do it before.
전에 당신이 하는 것을 본 적이 있어서요.

A You made the coffee too strong.
커피를 너무 진하게 만들었어요.

B Do you want me to make it again?
다시 만들어 드릴까요?

STEP 3 1초 안에 영어로 말해 보기

1초 안에 영어로 나오지 않는다면 1번에서 다시 연습합니다.

1 당신은 나를 행복하게 해요.

2 그는 나를 슬프게 해요.

3 그 냄새 때문에 속이 메스꺼워요.

4 저를 화나게 하지 마세요.

5 당신이 바로잡아야 합니다.

6 왜 그렇게 확신하죠?

7 커피를 너무 진하게 만들었어요.

DAY 034

MAKE
① ~를 ~하게 하다

MP3 듣기

〈make＋목적어＋동사원형〉 형태가 되면 '~를 ~하게 하다'라는 의미가 됩니다. 예를 들어 make me laugh는 '나를 웃게 하다'라는 뜻입니다.

> ## STEP 1 문장으로 익히기

10번씩 반복해서 큰 소리로 읽어보며 내 것으로 만듭니다.

❶ He makes me laugh.
그는 나를 웃게 합니다.

❷ Don't make me wait.
기다리게 하지 마세요.

❸ My mother made me clean the room.
어머니가 나에게 방을 청소하라고 시켰어.

❹ What makes you think so?
왜 그렇게 생각하죠?

❺ What makes you say that?
왜 그렇게 말씀하시죠?

❻ She made me buy a new one.
그녀는 나에게 새 걸 사내게 했어.

❼ This picture made me lose my appetite.
이 사진을 보니 입맛이 없어졌어요.

학습한 문장을 활용해 실전 대화 연습을 해 봅시다.

A Why aren't you eating?
왜 안 먹어?

B This picture made me lose my appetite.
이 사진을 보니 입맛이 없어졌어요.

~~~~~~

A What makes you think so?
왜 그렇게 생각하죠?

B I've done it before.
전에도 해봤어요.

1초 안에 영어로 나오지 않는다면 1번에서 다시 연습합니다.

❶ 그는 나를 웃게 합니다.

❷ 기다리게 하지 마세요.

❸ 어머니가 나에게 방을 청소하라고 시켰어.

❹ 왜 그렇게 생각하죠?

❺ 왜 그렇게 말씀하시죠?

❻ 그녀는 나에게 새 걸 사내게 했어.

❼ 이 사진을 보니 입맛이 없어졌어요.

Review

MP3 듣기

그동안 배운 표현을 다시 한번 크게 5번 따라 읽어 본 후, 혼자서 크게 5번 읽어 봅시다.

1 We are going to make a movie.

따라 읽기 ① ② ③ ④ ⑤ / 혼자서 읽기 ① ② ③ ④ ⑤

2 I'm going to make breakfast.

따라 읽기 ① ② ③ ④ ⑤ / 혼자서 읽기 ① ② ③ ④ ⑤

3 I'll make you a nice dinner.

따라 읽기 ① ② ③ ④ ⑤ / 혼자서 읽기 ① ② ③ ④ ⑤

4 I'll make a reservation.

따라 읽기 ① ② ③ ④ ⑤ / 혼자서 읽기 ① ② ③ ④ ⑤

5 I made an agreement with my boss.

따라 읽기 ① ② ③ ④ ⑤ / 혼자서 읽기 ① ② ③ ④ ⑤

6 What if I make a mistake?

따라 읽기 ① ② ③ ④ ⑤ / 혼자서 읽기 ① ② ③ ④ ⑤

7 I can't make it to your party tonight.

따라 읽기 ① ② ③ ④ ⑤ / 혼자서 읽기 ① ② ③ ④ ⑤

8 I want to make sure you're safe.

따라 읽기 ① ② ③ ④ ⑤ / 혼자서 읽기 ① ② ③ ④ ⑤

9 You make me happy.

따라 읽기 ① ② ③ ④ ⑤ / 혼자서 읽기 ① ② ③ ④ ⑤

10 He makes me laugh.

따라 읽기 ① ② ③ ④ ⑤ / 혼자서 읽기 ① ② ③ ④ ⑤

영어로 말해 봅시다.

왼쪽 페이지를 가리고 영어로 말해 봅시다.

❶ 우리는 영화를 만들 거예요.

---

❷ 아침 식사를 만들 거예요.

---

❸ 맛있는 저녁 만들어 드릴게요.

---

❹ 제가 예약할게요.

---

❺ 저는 상사와 합의했어요.

---

❻ 실수하면 어떡해요?

---

❼ 오늘 밤 당신 파티에 갈 수 없어요.

---

❽ 당신이 안전한지 확인하고 싶어요.

---

❾ 당신은 나를 행복하게 해요.

---

❿ 그는 나를 웃게 합니다.

원어민이 매일 사용하는 필수동사

GO

I'm going to work by bicycle.

DAY 035

GO

① 가다, 다니다

MP3 듣기

'~로'라는 의미의 전치사 to와 함께 쓰여 〈go to + 명사〉의 형태가 되며 '~에 가다, ~에 다니다'의 뜻으로 쓰입니다. 〈go + 부사〉는 〈go to + 명사〉 구조와는 달리 전치사 to가 붙지 않는데 '~에'라는 뜻의 to와 부사의 의미가 중복되기 때문에 to가 생략되는 것입니다.

> ## STEP 1 문장으로 익히기

10번씩 반복해서 큰 소리로 읽어보며 내 것으로 만듭니다.

❶ I usually go to work by bike.
저는 보통 자전거를 타고 출근합니다.

❷ I don't have to go to work today.
오늘은 출근하지 않아도 돼요.

❸ How often do you go to church?
교회에 얼마나 자주 가세요?

❹ I go to church every Sunday.
저는 매주 일요일에 교회에 갑니다.

❺ I have to go to the bank this afternoon.
저는 오후에 은행에 가야 해요.

❻ Let's go to the movies tonight.
오늘 밤에 영화 보러 가요.

❼ I think it's time to go to bed.
이제 잘 시간인 것 같아요.

학습한 문장을 활용해 실전 대화 연습을 해 봅시다.

A How often do you go to church?
교회에 얼마나 자주 가세요?

B I go to church every Sunday.
저는 매주 일요일에 교회에 갑니다.

~~~~~~~~~~~~~~~~~~~~~~~~~~~~~~~~~~

A Let's go to the movies tonight.
오늘 밤에 영화 보러 가요.

B I'm sorry. I'm supposed to meet my girlfriend tonight.
미안해요. 오늘 밤에 여자친구랑 만나기로 했어요.

1초 안에 영어로 나오지 않는다면 1번에서 다시 연습합니다.

1 저는 보통 자전거를 타고 출근합니다.

2 오늘은 출근하지 않아도 돼요.

3 교회에 얼마나 자주 가세요?

4 저는 매주 일요일에 교회에 갑니다.

5 저는 오후에 은행에 가야 해요.

6 오늘 밤에 영화 보러 가요.

7 이제 잘 시간인 것 같아요.

DAY 036

GO+-ing
① ~하러 가다

MP3 듣기

주로 취미생활과 같이 즐기러 가는 행위를 나타낼 경우 go+-ing 형태로 표현합니다. go swimming(수영하러 가다), go jogging(조깅하러 가다) 등 자주 사용하는 표현들을 꼭 외워 주세요.

> ## STEP 1 문장으로 익히기

10번씩 반복해서 큰 소리로 읽어보며 내 것으로 만듭니다.

❶ How often do you go swimming?
얼마나 자주 수영하러 갑니까?

❷ I go swimming once a week.
저는 일주일에 한 번 수영을 하러 갑니다.

❸ I go jogging every morning.
저는 매일 아침 조깅을 합니다.

❹ Why don't you go backpacking?
배낭여행을 가는 게 어때요?

❺ I want to go backpacking in Europe.
유럽으로 배낭여행을 가고 싶어요.

❻ Let's go drinking tonight.
오늘 밤에 술 마시러 가요.

❼ I'm going to go fishing this weekend.
이번 주말에 낚시하러 갈 거예요.

STEP 2 실전 대화에서 연습하기

학습한 문장을 활용해 실전 대화 연습을 해 봅시다.

A How often do you go swimming?
얼마나 자주 수영하러 갑니까?

B I go swimming once a week.
저는 일주일에 한 번 수영을 하러 갑니다.

A What are you going to do this weekend?
이번 주말에 뭐 할 거예요?

B I'm going to go fishing this weekend.
이번 주말에 낚시하러 갈 거예요.

STEP 3 1초 안에 영어로 말해 보기

1초 안에 영어로 나오지 않는다면 1번에서 다시 연습합니다.

❶ 얼마나 자주 수영하러 갑니까?

❷ 저는 일주일에 한 번 수영을 하러 갑니다.

❸ 저는 매일 아침 조깅을 합니다.

❹ 배낭여행을 가는 게 어때요?

❺ 유럽으로 배낭여행을 가고 싶어요.

❻ 오늘 밤에 술 마시러 가요.

❼ 이번 주말에 낚시하러 갈 거예요.

DAY 037

GO ON
① ~하러 가다

MP3 듣기

go on 뒤에 명사 표현이 등장하면 '~하러 가다'라는 의미가 됩니다. 앞서 나온 go+-ing와 큰 차이는 없습니다. go on a diet(다이어트 하다), go on a picnic(소풍가다) 등 자주 사용하는 표현들을 꼭 외워 주세요.

> **STEP 1** 문장으로 익히기

10번씩 반복해서 큰 소리로 읽어보며 내 것으로 만듭니다.

❶ I'll go on a diet.
저는 다이어트를 할 거예요.

❷ I decided to go on a diet.
다이어트를 하기로 결심했어요.

❸ Let's go on a picnic this Saturday.
이번 주 토요일에 소풍 가요.

❹ It is a perfect season to go on a picnic.
소풍을 가기에 완벽한 계절입니다.

❺ I want to go on a trip this summer.
이번 여름에 여행을 가고 싶어요.

❻ My family goes on a trip every vacation.
우리 가족은 방학 때마다 여행을 갑니다.

❼ He went on a business trip to New York.
그는 뉴욕으로 출장을 갔습니다.

학습한 문장을 활용해 실전 대화 연습을 해 봅시다.

A   Spring has finally come.

드디어 봄이 왔어.

B   That's right. It is a perfect season to go on a picnic.

맞아. 소풍을 가기에 완벽한 계절이야.

~~~~~~

A   I decided to go on a diet.

다이어트를 하기로 결심했어요.

B   Don't worry. Let me help you.

걱정하지 마세요. 제가 도와드릴게요.

1초 안에 영어로 나오지 않는다면 1번에서 다시 연습합니다.

❶   저는 다이어트를 할 거예요.

❷   다이어트를 하기로 결심했어요.

❸   이번 주 토요일에 소풍 가요.

❹   소풍을 가기에 완벽한 계절입니다.

❺   이번 여름에 여행을 가고 싶어요.

❻   우리 가족은 방학 때마다 여행을 갑니다.

❼   그는 뉴욕으로 출장을 갔습니다.

DAY 038

GO FOR
① ~하러 가다

MP3 듣기

〈go for + 명사〉는 '~을 하러 가다'라는 의미로 사용할 수 있습니다. 뒤에 나오는 명사 표현에 따라서 의미가 달라지는데요. 예를 들어서 go for a walk는 '걸으러 나가다' 즉 '산책하다'라는 의미가 됩니다. 자주 사용하는 표현들을 먼저 연습해 주세요.

 > **STEP 1** 문장으로 익히기

10번씩 반복해서 큰 소리로 읽어보며 내 것으로 만듭니다.

❶ I will go for a jog after work.
퇴근하고 조깅하러 갈 거예요.

❷ Why don't you go for a jog?
조깅하러 가는 게 어때요?

❸ Who did you go for a walk with?
누구랑 산책했어요?

❹ I often go for a walk after dinner.
저녁 식사 후에 자주 산책을 합니다.

❺ I went for a walk to enjoy the nice weather.
좋은 날씨를 즐기려고 산책을 했어요.

❻ Let's go for a drink.
한잔 하러 가죠.

❼ Do you often go for a drink after work?
퇴근 후에 자주 술 마시러 가세요?

학습한 문장을 활용해 실전 대화 연습을 해 봅시다.

🅰 **What did you do last weekend?**
지난 주말에 뭐 했어요?

🅱 **I went for a walk to enjoy the nice weather.**
좋은 날씨를 즐기려고 산책을 했어요.

〰〰〰〰〰〰〰〰〰〰〰〰〰〰〰〰〰〰〰

🅰 **What are you going to do after work?**
퇴근하고 뭐 할 거에요?

🅱 **I will go for a jog after work.**
일 끝나고 조깅하러 갈 거예요.

1초 안에 영어로 나오지 않는다면 1번에서 다시 연습합니다.

❶ 퇴근하고 조깅하러 갈 거예요.

❷ 조깅하러 가는 게 어때요?

❸ 누구랑 산책했어요?

❹ 저녁 식사 후에 자주 산책을 합니다.

❺ 좋은 날씨를 즐기려고 산책을 했어요.

❻ 한잔 하러 가죠.

❼ 퇴근 후에 자주 술 마시러 가세요?

DAY 039

GO
① (어떤 상태로) 되다

MP3 듣기

go는 '~하게 되다'라는 변화의 의미도 있습니다. 〈go + 형용사〉의 형태로 문장을 만들어 주면 됩니다. go bad, go wrong과 같이 주로 부정적인 형용사가 등장한다는 점도 같이 알아주세요.

> ## STEP 1 문장으로 익히기

10번씩 반복해서 큰 소리로 읽어보며 내 것으로 만듭니다.

❶ Half of the potatoes went bad.
감자의 절반이 상했어요.

❷ Foods go bad easily in summer.
여름에는 음식이 쉽게 상합니다.

❸ Her hair started to go grey.
그녀의 머리가 희끗희끗해지기 시작했다.

❹ Everything's going well these days.
요즘 모든 일이 잘 되고 있어요.

❺ What if things go wrong?
일이 잘못되면 어쩌죠?

❻ I don't know when it started to go wrong.
언제부터 잘못되기 시작했는지 모르겠어요.

❼ Where did our relationship go wrong?
우리 관계가 어디서 잘못됐죠?

학습한 문장을 활용해 실전 대화 연습을 해 봅시다.

A Oh my god! Half of the potatoes went bad.

이런! 감자의 절반이 상했어요.

B Foods go bad easily in summer.

여름에는 음식이 쉽게 상해요.

~~~~~~

A What if things go wrong?

일이 잘못되면 어쩌죠?

B I'll help you. Don't worry.

내가 도와줄 테니까 걱정마.

1초 안에 영어로 나오지 않는다면 1번에서 다시 연습합니다.

① 감자의 절반이 상했어요.

② 여름에는 음식이 쉽게 상합니다.

③ 그녀의 머리가 희끗희끗해지기 시작했다.

④ 요즘 모든 일이 잘 되고 있어요.

⑤ 일이 잘못되면 어쩌죠?

⑥ 언제부터 잘못되기 시작했는지 모르겠어요.

⑦ 우리 관계가 어디서 잘못됐죠?

Review

MP3 듣기

그동안 배운 표현을 다시 한번 크게 5번 따라 읽어 본 후, 혼자서 크게 5번 읽어 봅시다.

1 I usually go to work by bike.

따라 읽기 ① ② ③ ④ ⑤ / 혼자서 읽기 ① ② ③ ④ ⑤

2 I go to church every Sunday.

따라 읽기 ① ② ③ ④ ⑤ / 혼자서 읽기 ① ② ③ ④ ⑤

3 Let's go to the movies tonight.

따라 읽기 ① ② ③ ④ ⑤ / 혼자서 읽기 ① ② ③ ④ ⑤

4 I go swimming once a week.

따라 읽기 ① ② ③ ④ ⑤ / 혼자서 읽기 ① ② ③ ④ ⑤

5 Let's go drinking tonight.

따라 읽기 ① ② ③ ④ ⑤ / 혼자서 읽기 ① ② ③ ④ ⑤

6 I'll go on a diet.

따라 읽기 ① ② ③ ④ ⑤ / 혼자서 읽기 ① ② ③ ④ ⑤

7 It is a perfect season to go on a picnic.

따라 읽기 ① ② ③ ④ ⑤ / 혼자서 읽기 ① ② ③ ④ ⑤

8 I often go for a walk after dinner.

따라 읽기 ① ② ③ ④ ⑤ / 혼자서 읽기 ① ② ③ ④ ⑤

9 Half of the potatoes went bad.

따라 읽기 ① ② ③ ④ ⑤ / 혼자서 읽기 ① ② ③ ④ ⑤

10 I don't know when it started to go wrong.

따라 읽기 ① ② ③ ④ ⑤ / 혼자서 읽기 ① ② ③ ④ ⑤

영어로 말해 봅시다.

왼쪽 페이지를 가리고 영어로 말해 봅시다.

① 저는 보통 자전거를 타고 출근합니다.

----

② 저는 매주 일요일에 교회에 갑니다.

----

③ 오늘 밤에 영화 보러 가요.

----

④ 저는 일주일에 한 번 수영을 하러 갑니다.

----

⑤ 오늘 밤에 술 마시러 가요.

----

⑥ 저는 다이어트를 할 거예요.

----

⑦ 소풍을 가기에 완벽한 계절입니다.

----

⑧ 저녁 식사 후에 자주 산책을 합니다.

----

⑨ 감자의 절반이 상했어요.

----

⑩ 언제부터 잘못되기 시작했는지 모르겠어요.

꼭 알아야 하는 중요동사

LEAVE

It's time to leave.

BYE

DAY 040

LEAVE
① (장소를) 떠나다

MP3 듣기

동사 leave의 가장 기본 의미는 바로 '떠나다'입니다. 보통 뒤에 장소가 등장해 '(어떠한 장소를) 떠나다'라는 의미로 많이 활용됩니다. 지금 있는 장소에서 다른 곳으로 떠날 때 동사 leave를 사용해 보세요.

> **STEP 1** **문장으로 익히기**

10번씩 반복해서 큰 소리로 읽어보며 내 것으로 만듭니다.

❶ It's time to leave.
떠날 시간이야.

❷ James chose to leave.
제임스는 떠나기로 했어요.

❸ Are we leaving soon?
우리 곧 떠나나요?

❹ I think you should leave now.
넌 이제 떠나야 할 것 같아.

❺ When did you leave the classroom?
언제 교실을 떠났나요?

❻ I have to leave in a few minutes.
저는 몇 분 후에 떠나야 해요.

❼ I need to leave before he arrives
그가 도착하기 전에 떠나야 해요.

학습한 문장을 활용해 실전 대화 연습을 해 봅시다.

A When did you leave the classroom?
언제 교실을 떠났나요?

B I left the classroom 10 minutes ago.
10분 전에 교실을 떠났어요.

~~~~~~

A I have to leave in a few minutes.
저는 몇 분 후에 떠나야 해요.

B It's too bad. See you next time.
아쉽네요. 다음에 봐요.

1초 안에 영어로 나오지 않는다면 1번에서 다시 연습합니다.

❶ 떠날 시간이야.

❷ 제임스는 떠나기로 했어요.

❸ 우리 곧 떠나요?

❹ 넌 이제 떠나야 할 것 같아.

❺ 언제 교실을 떠났나요?

❻ 저는 몇 분 후에 떠나야 해요.

❼ 그가 도착하기 전에 떠나야 해요.

DAY 041

LEAVE
① 헤어지다
② 그만두다

MP3 듣기

leave 뒤에 사람이나 조직이 등장하면 '헤어지다, 그만두다'라는 의미가 됩니다. 사람을 떠나는 것은 '헤어지다', 회사를 떠나는 것은 '그만두다'라고 볼 수 있습니다.

> **STEP 1** 문장으로 익히기

10번씩 반복해서 큰 소리로 읽어보며 내 것으로 만듭니다.

❶ I won't leave you.
당신을 떠나지 않을 거예요.

❷ I heard you left your family.
가족을 떠났다고 들었어요.

❸ I wanted to leave the company.
회사를 그만두고 싶었어요.

❹ She left me without saying anything.
그녀가 아무 말도 하지 않고 저를 떠났어요.

❺ I don't know why she left me.
그녀가 왜 나를 떠났는지 모르겠어요.

❻ I'll never leave my family.
전 절대 가족을 떠나지 않을 거예요.

❼ Why did you leave the company?
왜 그 회사를 그만두셨어요?

학습한 문장을 활용해 실전 대화 연습을 해 봅시다.

A Why did you leave the company?

왜 그 회사를 그만두셨어요?

B I think I'm not cut out for the work.

그 일이 적성에 맞지 않아서요.

〈not cut out for+업무/일〉 표현은 어떠한 일이 적성이 맞지 않거나 그 일에 대한 자질이 부족하다는 의미입니다.

A Why do you look so sad?

왜 그렇게 슬퍼 보이니?

B She left me without saying anything.

그녀가 아무 말도 하지 않고 저를 떠났어요.

1초 안에 영어로 나오지 않는다면 1번에서 다시 연습합니다.

❶ 당신을 떠나지 않을 거예요.

❷ 가족을 떠났다고 들었어요.

❸ 회사를 그만두고 싶었어요.

❹ 그녀가 아무 말도 하지 않고 저를 떠났어요.

❺ 그녀가 왜 나를 떠났는지 모르겠어요.

❻ 전 절대 가족을 떠나지 않을 거예요.

❼ 왜 그 회사를 그만두셨어요?

DAY 042

LEAVE

① 남겨두다
⑩ 놔두디

MP3 듣기

leave는 어떤 대상을 원래 있던 자리에 '남겨두다, 놔두다'라는 의미가 있습니다. 뒤에는 무엇을 남겨두는지 언급해 주면 됩니다. leave a message처럼 메시지를 남긴다고 할 때도 사용할 수 있습니다.

> **STEP 1 문장으로 익히기**

10번씩 반복해서 큰 소리로 읽어보며 내 것으로 만듭니다.

❶ **Leave it on the desk.**
책상 위에 놔두세요.

❷ **Could you leave a message?**
메시지를 남겨 주시겠어요?

❸ **Leave them as they are.**
그대로 두세요.

❹ **Did you leave a tip?**
팁 남기셨나요?

❺ **I left my bag on the train.**
기차에 가방을 두고 내렸어요.

❻ **I think I left my wallet on the bus.**
버스에 지갑을 두고 내린 것 같아요.

❼ **I left it on the kitchen table after breakfast.**
아침 식사 후에 부엌 식탁에 놓고 왔어요.

학습한 문장을 활용해 실전 대화 연습을 해 봅시다.

A Have you seen the newspaper?
신문 어디 있는지 봤어요?

B I left it on the kitchen table after breakfast.
아침 식사 후에 부엌 식탁에 놓고 왔어요.

~~~~~~

A What's the matter?
무슨 일 있어?

B I think I left my wallet on the bus.
버스에 지갑을 두고 내린 것 같아요.

1초 안에 영어로 나오지 않는다면 1번에서 다시 연습합니다.

❶ 책상 위에 놔두세요.

❷ 메시지를 남겨 주시겠어요?

❸ 그대로 두세요.

❹ 팁 남기셨나요?

❺ 기차에 가방을 두고 내렸어요.

❻ 버스에 지갑을 두고 내린 것 같아요.

❼ 아침 식사 후에 부엌 식탁에 놓고 왔어요.

LEVE
① 맡기다

 MP3 듣기

leave는 '남겨두다'에서 확장하면 '(어떤 물건을) 맡기다'라는 의미가 됩니다. 보통 여행에서 가방 등을 맡긴다고 할 때 많이 사용합니다. 사물 뿐만 아니라 '판단에 맡긴다'처럼 추상적인 개념도 등장할 수 있습니다.

 STEP 1 문장으로 익히기

10번씩 반복해서 큰 소리로 읽어보며 내 것으로 만듭니다.

❶ I left everything to him.
모든 걸 그에게 맡겼어요.

❷ Where can I leave my bag?
제 가방을 어디에 맡길 수 있나요?

❸ Can I leave my bag here?
제 가방을 여기에 놓아도 될까요?

❹ He leaves everything to chance.
그는 모든 일을 운에 맡겨요.

❺ I will leave it to your judgment.
당신의 판단에 맡기겠습니다.

❻ You can leave the documents at the counter.
서류는 카운터에 맡기시면 됩니다.

❼ Please leave your valuables at the counter.
귀중품은 카운터에 맡겨 주십시오.

학습한 문장을 활용해 실전 대화 연습을 해 봅시다.

A Where can I leave my documents?
서류는 어디에 맡기면 되나요?

B You can leave the documents at the counter.
서류는 카운터에 맡기시면 됩니다.

A I heard James likes to gamble.
제임스는 도박을 좋아한다고 들었어요.

B That's right. He leaves everything to chance.
맞아요. 그는 모든 일을 운에 맡겨요.

1초 안에 영어로 나오지 않는다면 1번에서 다시 연습합니다.

❶ 그에게 모든 것을 맡길게요.

❷ 제 가방을 어디에 맡길 수 있나요?

❸ 제 가방을 여기에 놓아도 될까요?

❹ 그는 모든 일을 운에 맡겨요.

❺ 당신의 판단에 맡기겠습니다.

❻ 서류는 카운터에 맡기시면 됩니다.

❼ 귀중품은 카운터에 맡겨 주십시오.

DAY 044

LEAVE
① ~를 어떤 상태로 남겨두다

MP3 듣기

leave는 '~를 어떤 상태로 남겨두다'라는 의미도 있습니다. 보통 〈leave + 목적어 + 형용사/부사〉의 형태로 활용됩니다. 예를 들어서 '날 내버려 둬요'는 leave me alone이라고 하면 됩니다.

> ## STEP 1 문장으로 익히기

10번씩 반복해서 큰 소리로 읽어보며 내 것으로 만듭니다.

❶ Leave me alone.
날 내버려 둬요.

❷ You never leave me alone.
너는 날 가만히 두지 않아.

❸ Don't leave the door open.
문을 열어 두지 마세요.

❹ I didn't know anything, so I left it blank.
아무것도 몰라서 빈칸으로 그냥 두었어요.

❺ I left the lights on all night.
저는 밤새도록 불을 켜 두었어요.

❻ Do you leave the light on when you sleep?
잠잘 때 불을 켜 두나요?

❼ Don't leave the light on in the bathroom.
화장실에 불을 켜 놓지 마세요.

학습한 문장을 활용해 실전 대화 연습을 해 봅시다.

A Do you leave the light on when you sleep?
잠잘 때 불을 켜두나요?

B Yes. I don't like dark things.
네. 저는 어두운 걸 별로 안 좋아하거든요.

~~~~~~

A Don't leave the door open. The weather is so cold.
문을 열어 두지 마세요. 날씨가 너무 추워요.

B I'm sorry. I'll be more careful next time.
미안해요. 다음에는 더 조심할게요.

1초 안에 영어로 나오지 않는다면 1번에서 다시 연습합니다.

❶ 날 내버려 둬요.

❷ 너는 날 가만히 두지 않아.

❸ 문을 열어 두지 마세요.

❹ 아무것도 몰라서 빈칸으로 그냥 두었어요.

❺ 저는 밤새도록 불을 켜 두었어요.

❻ 잠잘 때 불을 켜 두나요?

❼ 화장실에 불을 켜 놓지 마세요.

Review

그동안 배운 표현을 다시 한번 크게 5번 따라 읽어 본 후, 혼자서 크게 5번 읽어 봅시다.

1 It's time to leave.

따라 읽기 ① ② ③ ④ ⑤ / 혼자서 읽기 ① ② ③ ④ ⑤

2 When did you leave the classroom?

따라 읽기 ① ② ③ ④ ⑤ / 혼자서 읽기 ① ② ③ ④ ⑤

3 I won't leave you.

따라 읽기 ① ② ③ ④ ⑤ / 혼자서 읽기 ① ② ③ ④ ⑤

4 I wanted to leave the company.

따라 읽기 ① ② ③ ④ ⑤ / 혼자서 읽기 ① ② ③ ④ ⑤

5 Leave it on the desk.

따라 읽기 ① ② ③ ④ ⑤ / 혼자서 읽기 ① ② ③ ④ ⑤

6 Could you leave a message?

따라 읽기 ① ② ③ ④ ⑤ / 혼자서 읽기 ① ② ③ ④ ⑤

7 I left everything to him.

따라 읽기 ① ② ③ ④ ⑤ / 혼자서 읽기 ① ② ③ ④ ⑤

8 Where can I leave my bag?

따라 읽기 ① ② ③ ④ ⑤ / 혼자서 읽기 ① ② ③ ④ ⑤

9 Leave me alone.

따라 읽기 ① ② ③ ④ ⑤ / 혼자서 읽기 ① ② ③ ④ ⑤

10 I left the lights on all night.

따라 읽기 ① ② ③ ④ ⑤ / 혼자서 읽기 ① ② ③ ④ ⑤

영어로 말해 봅시다.

왼쪽 페이지를 가리고 영어로 말해 봅시다.

① 떠날 시간이야.

----

② 언제 교실을 떠났나요?

----

③ 당신을 떠나지 않을 거예요.

----

④ 회사를 그만두고 싶었어요.

----

⑤ 책상 위에 놔두세요.

----

⑥ 메시지를 남겨 주시겠어요?

----

⑦ 모든 걸 그에게 맡겼어요.

----

⑧ 제 가방을 어디에 맡길 수 있나요?

----

⑨ 날 내버려 둬요.

----

⑩ 저는 밤새도록 불을 켜 두었어요.

UNIT 7

꼭 알아야 하는 중요동사

KEEP

Do you keep in touch with James?

DAY 045

KEEP
① 가지고 있다
② 유지하다

MP3 듣기

동사 keep의 가장 큰 의미는 '무언가를 가지고 있다' 혹은 '유지하다' 입니다. 보통 〈keep + 명사〉 형태로 '그 사물을 계속 가지고 있다.' 라고 말할 수 있습니다. keep in touch with (연락하고 지내다) 등 의 표현도 같이 기억해 주세요.

STEP 1 문장으로 익히기

10번씩 반복해서 큰 소리로 읽어보며 내 것으로 만듭니다.

❶ You can keep it.
너 그거 가지고 있어도 돼.

❷ Keep the change.
거스름돈은 가지세요.

❸ Can I keep the pen?
내가 그 펜을 가지고 있어도 돼?

❹ You can keep this book for a month.
이 책을 한 달 동안 갖고 있어도 돼.

❺ Do you keep in touch with James?
제임스랑 계속 연락하고 지내요?

❻ You should try to keep an open mind.
열린 마음을 가지도록 노력해야 해.

❼ Where do you keep your magazines?
잡지는 어디에 두세요?

학습한 문장을 활용해 실전 대화 연습을 해 봅시다.

A Can I borrow this book?

이 책을 빌릴 수 있을까요?

B Yes, you can keep this book for a month.

응, 이 책을 한 달 동안 갖고 있어도 돼.

A Do you keep in touch with James?

제임스랑 계속 연락하고 지내요?

B No, I don't keep in touch with him anymore.

아니요, 이제 더 이상 그와 연락하지 않아요.

STEP 3 1초 안에 영어로 말해 보기

1초 안에 영어로 나오지 않는다면 1번에서 다시 연습합니다.

❶ 너 그거 가지고 있어도 돼.

❷ 거스름돈은 가지세요.

❸ 내가 그 펜을 가지고 있어도 돼?

❹ 이 책을 한 달 동안 갖고 있어도 돼.

❺ 제임스랑 계속 연락하고 지내요?

❻ 열린 마음을 가지도록 노력해야 해.

❼ 잡지는 어디에 두세요?

DAY 046

KEEP
① (약속, 규칙, 법 등을) 지키다

MP3 듣기

무언가를 유지한다는 keep의 기본 개념이 확장되면 '지키다'라는 의미가 됩니다. 뒤에는 주로 약속, 규칙, 법 등이 등장하게 됩니다. 예를 들어서 '규칙을 지키다'라고 하면 keep the rules라고 하면 됩니다.

> ## STEP 1   문장으로 익히기

10번씩 반복해서 큰 소리로 읽어보며 내 것으로 만듭니다.

❶ You have to keep the rules.
규칙을 지켜야 해요.

❷ I'll keep my word.
약속을 지킬게요.

❸ I always keep promises.
저는 항상 약속을 지킵니다.

❹ He didn't keep his promise.
그가 약속을 지키지 않았어요.

❺ I can keep a secret.
전 비밀은 지킬 수 있어요.

❻ No one can keep a secret.
비밀을 지킬 수 있는 사람은 없어요.

❼ I know how to keep a secret.
저도 비밀을 지킬 줄 알아요.

학습한 문장을 활용해 실전 대화 연습을 해 봅시다.

🅐 Can you promise you won't tell?

말하지 않겠다고 약속할 수 있나요?

🅑 I know how to keep a secret.

저도 비밀을 지킬 줄 알아요.

~~~~~~~~~~~~~~~~~~~~~~~~~~~~~~~~~~~

🅐 Why are you mad at him?

왜 그에게 화가 났나요?

🅑 He didn't keep his promise.

그가 약속을 지키지 않았어요.

1초 안에 영어로 나오지 않는다면 1번에서 다시 연습합니다.

❶ 규칙을 지켜야 해요.

❷ 약속을 지킬게요.

❸ 저는 항상 약속을 지킵니다.

❹ 그가 약속을 지키지 않았어요.

❺ 전 비밀은 지킬 수 있어요.

❻ 비밀을 지킬 수 있는 사람은 없어요.

❼ 저도 비밀을 지킬 줄 알아요.

DAY 047

KEEP
① ~상태를 유지하다

MP3 듣기

동사 keep은 뒤에 quiet(조용한), awake(깨어 있는) 등의 형용사가 오면 '~한 상태를 유지하다'라는 의미가 됩니다.

STEP 1 문장으로 익히기

10번씩 반복해서 큰 소리로 읽어보며 내 것으로 만듭니다.

❶ Please keep quiet.
조용히 해 주세요.

❷ We need to keep calm.
우리는 침착해야 해요.

❸ I tried to keep calm.
전 침착하려고 노력했어요.

❹ Are you going to keep awake?
계속 깨어 있을 거예요? (안 잘 거예요?)

❺ I'm trying to keep awake.
계속 깨어 있으려고 노력하고 있어요.

❻ Keep still while I brush your hair.
제가 머리를 빗는 동안 가만히 계세요.

❼ Please keep still while I take the photograph.
제가 사진을 찍을 동안 가만히 계세요.

still은 형용사로 '가만히 있는, 조용한'이라는 의미입니다. '탄산이 들어있지 않은' 물을 still water라고 하는 것도 기억해 두세요.

학습한 문장을 활용해 실전 대화 연습을 해 봅시다.

Ⓐ **Are you going to keep awake?**
계속 깨어 있을 거예요? (안 잘 거예요?)

Ⓑ **I'm tired. I'm going to bed early.**
피곤해요. 일찍 잘 거예요.

～～～～～～～～～～～～～～～～～～～～～～～

Ⓐ **Keep still while I brush your hair.**
제가 머리를 빗는 동안 가만히 계세요.

Ⓑ **My neck is killing me.**
목이 너무 아파요.

1초 안에 영어로 나오지 않는다면 1번에서 다시 연습합니다.

❶ 조용히 해 주세요.

❷ 우리는 침착해야 해요.

❸ 전 침착하려고 노력했어요.

❹ 계속 깨어 있을 거예요? (안 잘 거예요?)

❺ 계속 깨어 있으려고 노력하고 있어요.

❻ 제가 머리를 빗는 동안 가만히 계세요.

❼ 제가 사진을 찍을 동안 가만히 계세요.

DAY 048

KEEP
① ~를 계속하다

MP3 듣기

keep은 어떤 동작이나 행동을 지속적으로 한다는 말로도 사용할 수 있는데, 이 때는 뒤에 동사의 -ing 형태가 오면 됩니다.

> **STEP 1** **문장으로 익히기**

10번씩 반복해서 큰 소리로 읽어보며 내 것으로 만듭니다.

❶ **Keep smiling.**
계속 웃으세요.

❷ **Just keep saying sorry.**
그냥 계속 미안하다고 말하세요.

❸ **I will keep trying.**
계속 노력하겠습니다.

❹ **You have to keep moving.**
계속 움직여야 합니다.

❺ **I just want to keep working.**
그냥 계속 일하고 싶어요.

❻ **Why do you keep smiling?**
왜 자꾸 웃어요?

❼ **Keep going straight this way.**
이쪽으로 곧장 계속 가세요.

학습한 문장을 활용해 실전 대화 연습을 해 봅시다.

A **Where is the nearest subway station?**
가장 가까운 지하철역은 어디에 있어요?

B **Keep going straight this way.**
이쪽으로 곧장 계속 가세요.

A **What did I do so wrong?**
내가 뭘 그렇게 잘못했는데?

B **Just keep saying sorry.**
그냥 계속 미안하다고 말하세요.

STEP 3 1초 안에 영어로 말해 보기

1초 안에 영어로 나오지 않는다면 1번에서 다시 연습합니다.

❶ 계속 웃으세요.

❷ 그냥 계속 미안하다고 말하세요.

❸ 계속 노력하겠습니다.

❹ 계속 움직여야 합니다.

❺ 그냥 계속 일하고 싶어요.

❻ 왜 자꾸 웃어요?

❼ 이쪽으로 곧장 계속 가세요.

DAY 049

KEEP
① ~를 ~상태로 두다

MP3 듣기

keep 뒤에 '어떤 대상'과 '어떤 상태'를 차례로 말하면 '~를 ~한 상태로 두다'라는 의미를 전할 수 있습니다. 예를 들어 keep the door open이라고 하면 그 문(the door)을 열려 있는 상태(open)로 두라고 하는 겁니다.

> **STEP 1 문장으로 익히기**

10번씩 반복해서 큰 소리로 읽어보며 내 것으로 만듭니다.

❶ Keep your hands clean.
손을 깨끗이 하세요.

❷ Keep your eyes open.
눈을 크게 뜨고 있어요.

❸ Keep the door shut.
문을 닫아 두세요.

❹ Why do you keep the door open?
왜 문을 열어 두세요?

❺ The noise kept me awake all night.
그 소음 때문에 밤새 잠을 못 잤어요

❻ Don't keep me waiting so long!
너무 오래 기다리게는 하지 마세요!

❼ Keep your feet warm and head cool.
발을 따뜻하게 하고 머리를 식히세요.

STEP 2 실전 대화에서 연습하기

학습한 문장을 활용해 실전 대화 연습을 해 봅시다.

A Why do you keep the door open?

왜 문을 열어 두세요?

B I painted my house this morning.

오늘 아침 집에 페인트칠을 했거든요.

~~~~~~

A I'm going to get some fresh air.

바람 좀 쐬고 올게요.

B Don't keep me waiting so long!

너무 오래 기다리게는 하지 마세요!

STEP 3 1초 안에 영어로 말해 보기

1초 안에 영어로 나오지 않는다면 1번에서 다시 연습합니다.

❶ 손을 깨끗이 하세요.

❷ 눈을 크게 뜨고 있어요.

❸ 문을 닫아 두세요.

❹ 왜 문을 열어 두세요?

❺ 그 소음 때문에 밤새 잠을 못 잤어요.

❻ 너무 오래 기다리게는 하지 마세요!

❼ 발을 따뜻하게 하고 머리를 식히세요.

Review

MP3 듣기

그동안 배운 표현을 다시 한번 크게 5번 따라 읽어 본 후, 혼자서 크게 5번 읽어 봅시다.

1 Keep the change.

따라 읽기 ① ② ③ ④ ⑤ / 혼자서 읽기 ① ② ③ ④ ⑤

2 Do you keep in touch with James?

따라 읽기 ① ② ③ ④ ⑤ / 혼자서 읽기 ① ② ③ ④ ⑤

3 You have to keep the rules.

따라 읽기 ① ② ③ ④ ⑤ / 혼자서 읽기 ① ② ③ ④ ⑤

4 I always keep promises.

따라 읽기 ① ② ③ ④ ⑤ / 혼자서 읽기 ① ② ③ ④ ⑤

5 Please keep quiet.

따라 읽기 ① ② ③ ④ ⑤ / 혼자서 읽기 ① ② ③ ④ ⑤

6 I'm trying to keep awake.

따라 읽기 ① ② ③ ④ ⑤ / 혼자서 읽기 ① ② ③ ④ ⑤

7 Keep smiling.

따라 읽기 ① ② ③ ④ ⑤ / 혼자서 읽기 ① ② ③ ④ ⑤

8 I will keep trying.

따라 읽기 ① ② ③ ④ ⑤ / 혼자서 읽기 ① ② ③ ④ ⑤

9 Keep your hands clean.

따라 읽기 ① ② ③ ④ ⑤ / 혼자서 읽기 ① ② ③ ④ ⑤

10 Why do you keep the door open?

따라 읽기 ① ② ③ ④ ⑤ / 혼자서 읽기 ① ② ③ ④ ⑤

영어로 말해 봅시다.

왼쪽 페이지를 가리고 영어로 말해 봅시다.

① 거스름돈은 가지세요.

----

② 제임스랑 계속 연락하고 지내요?

----

③ 규칙을 지켜야 해요.

----

④ 저는 항상 약속을 지킵니다.

----

⑤ 조용히 해 주세요.

----

⑥ 계속 깨어있으려고 노력하고 있어요.

----

⑦ 계속 웃으세요.

----

⑧ 계속 노력하겠습니다.

----

⑨ 손을 깨끗이 하세요.

----

⑩ 왜 문을 열어 두세요?

꼭 알아야 하는 중요동사

DO

I'll do my best.

DAY 050

DO
① (어떤 행동을) 하다

MP3 듣기

동사 do의 기본 느낌은 '(어떤 행동을) 하다'입니다. do something (무언가를 하다), do a good job(잘 해내다)와 같이, 뒤에는 무엇을 해내는지 말해 주면 됩니다.

STEP 1 문장으로 익히기

10번씩 반복해서 큰 소리로 읽어보며 내 것으로 만듭니다.

❶ I'll do my best.
최선을 다하겠습니다.

❷ What can I do for you?
무엇을 도와 드릴까요?

❸ You did a good job.
잘했어요.

❹ Do it before you forget.
잊기 전에 하세요.

❺ I want to do something special tonight.
오늘 밤에 뭔가 특별한 것을 하고 싶어요.

❻ Did I do something wrong?
제가 뭘 잘못했나요?

❼ We should do something.
우린 뭔가를 해야 해요.

학습한 문장을 활용해 실전 대화 연습을 해 봅시다.

A I've already finished my homework.

이미 숙제를 끝냈죠!

B You did a good job.

잘했어요.

A I want to do something special tonight.

오늘 밤에 뭔가 특별한 것을 하고 싶어요.

B How about going to the movies?

영화 보러 가는 게 어때요?

1초 안에 영어로 나오지 않는다면 1번에서 다시 연습합니다.

❶ 최선을 다하겠습니다.

❷ 무엇을 도와 드릴까요?

❸ 잘했어요.

❹ 잊기 전에 하세요.

❺ 오늘 밤에 뭔가 특별한 것을 하고 싶어요.

❻ 제가 뭘 잘못했나요?

❼ 우린 뭔가를 해야 해요.

DAY 051

DO
① (업무, 집안일 등을) 하다

MP3 듣기

동사 do의 기본 뜻은 '어떤 행동을 하다'입니다. 특정 명사 표현들과 함께 사용될 수 있는데요. do one's homework(숙제를 하다), do shopping(쇼핑을 하다) 등 자주 사용하는 표현들을 여러분의 것으로 만들어 주세요.

STEP 1 문장으로 익히기

10번씩 반복해서 큰 소리로 읽어보며 내 것으로 만듭니다.

❶ Did you do your homework?
숙제 했어요?

❷ I'll do my homework after dinner.
저녁 식사 후에 숙제를 할 거예요.

❸ Can I do the laundry here?
여기서 빨래를 해도 되나요?

❹ Could you do the laundry?
세탁 좀 해주시겠어요?

❺ I like to do shopping.
저는 쇼핑하는 것을 좋아합니다.

❻ I couldn't even do the shopping.
쇼핑도 못 했어요.

❼ I'll do the dishes so just leave them alone.
제가 설거지를 할 테니 그냥 내버려 두세요.

학습한 문장을 활용해 실전 대화 연습을 해 봅시다.

Ⓐ **Did you do your homework?**
숙제 했어요?

Ⓑ **I've been really busy this week.**
이번 주는 정말 바빴어요.

~~~~~~~~~~~~~~~~~~~~~~~~~~~~~~

Ⓐ **Could you do the laundry?**
세탁 좀 해주시겠어요?

Ⓑ **I'm sorry. I'm kind of busy right now.**
미안해요. 제가 지금 좀 바빠서요.

1초 안에 영어로 나오지 않는다면 1번에서 다시 연습합니다.

❶ 숙제 했어요?

❷ 저녁 식사 후에 숙제를 할 거예요.

❸ 여기서 빨래를 해도 되나요?

❹ 세탁 좀 해주시겠어요?

❺ 저는 쇼핑하는 것을 좋아합니다.

❻ 쇼핑도 못 했어요.

❼ 제가 설거지를 할 테니 그냥 내버려 두세요.

DAY 052

DO

① (운동을) 하다

MP3 듣기

한 장소에 머무르면서 하는 스포츠는 동사 do를 사용합니다. 보통 장비가 없어도 할 수 있는 것들이 많은데요. 태권도나 요가 등 자기 수련과 관련된 것들이 여기에 포함됩니다. 축구, 테니스와 같이 공으로 하는 스포츠는 play를 사용하니 주의해 주세요.

> ## STEP 1 문장으로 익히기

10번씩 반복해서 큰 소리로 읽어보며 내 것으로 만듭니다.

❶ I do aerobics once a week.
저는 일주일에 한 번 에어로빅을 해요.

❷ I don't do aerobics anymore.
저는 더 이상 에어로빅을 하지 않아요.

❸ How often do you do taekwondo?
태권도를 얼마나 자주 하세요?

❹ Can you do taekwondo?
태권도를 할 수 있나요?

❺ I often do exercise after work.
저는 퇴근 후에 자주 운동을 합니다.

❻ Do you do yoga regularly?
요가를 규칙적으로 하나요?

❼ We do yoga together every morning.
우리는 매일 아침 함께 요가를 합니다.

학습한 문장을 활용해 실전 대화 연습을 해 봅시다.

🅐 How often do you do taekwondo?
태권도를 얼마나 자주 하세요?

🅑 I do taekwondo once a week.
저는 일주일에 한 번 태권도를 해요.

🅐 Do you do yoga regularly?
요가를 규칙적으로 하나요?

🅑 I do yoga every morning.
저는 매일 아침 요가를 해요.

STEP 3 1초 안에 영어로 말해 보기

1초 안에 영어로 나오지 않는다면 1번에서 다시 연습합니다.

❶ 저는 일주일에 한 번 에어로빅을 해요.

❷ 저는 더 이상 에어로빅을 하지 않아요.

❸ 태권도를 얼마나 자주 하세요?

❹ 태권도를 할 수 있나요?

❺ 저는 퇴근 후에 자주 운동을 합니다.

❻ 요가를 규칙적으로 하나요?

❼ 우리는 매일 아침 함께 요가를 합니다.

DAY 053

DO
① (시험을) 잘 보다

MP3 듣기

동사 do와 well, good 등의 부사를 함께 사용하면 '잘 되어가다'라는 느낌을 전달해줄 수 있습니다. exam, test 등의 시험 표현과 함께 쓰이면 '시험을 잘 보다'라는 의미가 됩니다.

> ## STEP 1 문장으로 익히기

10번씩 반복해서 큰 소리로 읽어보며 내 것으로 만듭니다.

❶ I did well on the test.
시험을 잘 봤어요.

❷ He didn't do well in school.
그는 학교 성적이 좋지 않았습니다.

❸ She did very well on the SAT.
그녀는 SAT 시험을 아주 잘 봤어요.

❹ I did very well on my English test.
저는 영어 시험을 아주 잘 봤어요.

❺ Did you do well on your test today?
오늘 시험은 잘 봤어요?

❻ I don't think I did very well on my test.
시험을 잘 못 본 것 같아요.

❼ He was a smart student who did well in school.
그는 학교에서 좋은 성적을 거둔 똑똑한 학생이었어요.

학습한 문장을 활용해 실전 대화 연습을 해 봅시다.

🄰 **Did you do well on your test today?**
오늘 시험은 잘 봤어요?

🄱 **I did well on the test.**
시험을 잘 봤어요.

🄰 **What kind of student was James?**
제임스는 어떤 학생이었어요?

🄱 **He was a smart student who did well in school.**
그는 학교에서 좋은 성적을 거둔 똑똑한 학생이었어요.

1초 안에 영어로 나오지 않는다면 1번에서 다시 연습합니다.

❶ 시험을 잘 봤어요.

❷ 그는 학교 성적이 좋지 않았습니다.

❸ 그녀는 SAT 시험을 아주 잘 봤어요.

❹ 저는 영어 시험을 아주 잘 봤어요.

❺ 오늘 시험은 잘 봤어요?

❻ 시험을 잘 못 본 것 같아요.

❼ 그는 학교에서 좋은 성적을 거둔 똑똑한 학생이었어요.

Review

MP3 듣기

그동안 배운 표현을 다시 한번 크게 5번 따라 읽어 본 후, 혼자서 크게 5번 읽어 봅시다.

1 I'll do my best.

따라 읽기 ① ② ③ ④ ⑤ / 혼자서 읽기 ① ② ③ ④ ⑤

2 What can I do for you?

따라 읽기 ① ② ③ ④ ⑤ / 혼자서 읽기 ① ② ③ ④ ⑤

3 You did a good job.

따라 읽기 ① ② ③ ④ ⑤ / 혼자서 읽기 ① ② ③ ④ ⑤

4 Did you do your homework?

따라 읽기 ① ② ③ ④ ⑤ / 혼자서 읽기 ① ② ③ ④ ⑤

5 Can I do the laundry here?

따라 읽기 ① ② ③ ④ ⑤ / 혼자서 읽기 ① ② ③ ④ ⑤

6 I like to do shopping.

따라 읽기 ① ② ③ ④ ⑤ / 혼자서 읽기 ① ② ③ ④ ⑤

7 I do aerobics once a week.

따라 읽기 ① ② ③ ④ ⑤ / 혼자서 읽기 ① ② ③ ④ ⑤

8 I often do exercise after work.

따라 읽기 ① ② ③ ④ ⑤ / 혼자서 읽기 ① ② ③ ④ ⑤

9 I did well on the test.

따라 읽기 ① ② ③ ④ ⑤ / 혼자서 읽기 ① ② ③ ④ ⑤

10 He was a smart student who did well in school.

따라 읽기 ① ② ③ ④ ⑤ / 혼자서 읽기 ① ② ③ ④ ⑤

왼쪽 페이지를 가리고 영어로 말해 봅시다.

❶ 최선을 다하겠습니다.

----

❷ 무엇을 도와드릴까요?

----

❸ 잘했어요.

----

❹ 숙제 했어요?

----

❺ 여기서 빨래를 해도 되나요?

----

❻ 저는 쇼핑하는 것을 좋아합니다.

----

❼ 저는 일주일에 한 번 에어로빅을 해요.

----

❽ 저는 퇴근 후에 자주 운동을 합니다.

----

❾ 시험을 잘 봤어요.

----

❿ 그는 학교에서 좋은 성적을 거둔 똑똑한 학생이었어요.

----

9 UNIT

꼭 알아야 하는 중요동사
PUT

Put lotion on
your dry skin.

DAY 054

PUT
① 놓다. 두다

MP3 듣기

동사 put의 기본 의미는 '놓다, 두다'입니다. 뒤에는 무엇을 두는지 말해주면 됩니다. 그 다음에 here, on your desk와 같은 구체적 위치를 나타내는 장소 표현과 함께 사용할 수 있습니다.

> ## STEP 1 문장으로 익히기

10번씩 반복해서 큰 소리로 읽어보며 내 것으로 만듭니다.

❶ Put it down, James.
그거 내려놔요, 제임스

❷ May I put it here?
여기에 놓아도 될까요?

❸ Put it on my desk.
제 책상 위에 올려 놓으세요.

❹ Where did you put my shoes?
내 신발 어디 뒀어요?

❺ I put it on your desk.
책상 위에 올려 놨어요.

❻ Don't put the wet towel in the bag.
젖은 수건을 가방에 넣지 마세요.

❼ Can you put the dishes in the cupboard?
그릇들을 찬장에 넣어 주시겠어요?

학습한 문장을 활용해 실전 대화 연습을 해 봅시다.

🄐 Where did you put my shoes?

내 신발을 어디 뒀어요?

🄑 I put them on the table when I cleaned the house this morning.

오늘 아침에 집 청소할 때 탁자 위에 올려 놨어요.

🄐 May I put it here?

여기에 놓아도 될까요?

🄑 Put it on my desk.

제 책상 위에 올려 놓으세요.

1초 안에 영어로 나오지 않는다면 1번에서 다시 연습합니다.

❶ 그거 내려놔요, 제임스

❷ 여기에 놓아도 될까요?

❸ 제 책상 위에 올려 놓으세요.

❹ 내 신발 어디 뒀어요?

❺ 책상 위에 올려 놨어요.

❻ 젖은 수건을 가방에 넣지 마세요.

❼ 그릇들을 찬장에 넣어 주시겠어요?

PUT

DAY 055

① 붙이다
② (로션을) 바르다
③ (광고를) 내다

MP3 듣기

put은 단순히 놓는 것뿐만 아니라 '무언가를 어딘가에 붙이다'라는 의미도 있습니다. 뒤에는 접촉의 전치사 on이 함께 나와서 '~위에 ~을 붙이다'라는 형태로 많이 사용됩니다. 또한 얼굴에 화장품을 바르거나 광고를 낸다고 할 때도 사용할 수 있습니다.

STEP 1 문장으로 익히기

10번씩 반복해서 큰 소리로 읽어보며 내 것으로 만듭니다.

❶ Put lotion on your dry skin.
건조한 피부에 로션을 바르세요.

❷ I don't even put lotion on.
전 로션도 안 발라요.

❸ He put a lock on my door.
그가 내 문에 자물쇠를 채웠어요.

❹ Could you put a bandage on my arm?
제 팔에 반창고 좀 붙여 주시겠어요?

❺ We had to put new locks on all the doors.
우리는 모든 문에 새 자물쇠를 달아야 했어요.

❻ They put an advertisement in the newspaper.
그들은 신문에 광고를 냈어요.

❼ Why don't you put an advertisement in the paper?
신문에 광고를 내는 게 어때요?

STEP 2 실전 대화에서 연습하기

학습한 문장을 활용해 실전 대화 연습을 해 봅시다.

A Could you put a bandage on my arm?
제 팔에 반창고 좀 붙여 주시겠어요?

B Oh my god! How did you get hurt?
저런! 어쩌다가 다쳤어요?

～～～～～～～～～～～～～～～～～～～

A My business is in trouble.
사업이 잘 안 돼요.

B Why don't you put an advertisement in the newspaper?
신문에 광고를 내는 게 어때요?

STEP 3 1초 안에 영어로 말해 보기

1초 안에 영어로 나오지 않는다면 1번에서 다시 연습합니다.

① 건조한 피부에 로션을 바르세요.

② 전 로션도 안 발라요.

③ 그가 내 문에 자물쇠를 채웠어요.

④ 제 팔에 반창고 좀 붙여 주시겠어요?

⑤ 우리는 모든 문에 새 자물쇠를 달아야 했어요.

⑥ 그들은 신문에 광고를 냈어요.

⑦ 신문에 광고를 내는 게 어때요?

DAY 056

PUT
① ~상황에 놓다
② 내놓다

MP3 듣기

put은 구체적인 장소에 두는 것 뿐만 아니라 감정이나 상황으로 확장이 되어서 '사람을 어떠한 상황에 놓다'라는 의미가 될 수 있습니다. put은 또한 집이나 물건을 팔려고 '내놓다'는 의미로도 사용할 수 있습니다.

> ## STEP 1 문장으로 익히기

10번씩 반복해서 큰 소리로 읽어보며 내 것으로 만듭니다.

❶ Put yourself in my place.
제 입장이 되어 보세요.

❷ I can't put him out of my mind.
그를 내 마음속에서 지울 수가 없어요.

❸ Put it out of your mind, James.
잊어 버려요, 제임스.

❹ He put up his house for sale.
그는 집을 팔려고 내놓았어요.

❺ I put my piano up for sale.
피아노를 팔려고 내놓았어요.

❻ I don't want to put you at risk.
당신을 위험에 빠뜨리고 싶지 않아요.

❼ That could put people at risk.
그것은 사람들을 위험에 빠뜨릴 수 있어요.

학습한 문장을 활용해 실전 대화 연습을 해 봅시다.

🄐 **Why are you so down?**
왜 그렇게 시무룩하세요?

🄑 **Put yourself in my place.**
제 입장이 되어 보세요.

~~~~~~

🄐 **Do you still like him?**
아직도 그를 좋아하나요?

🄑 **I can't put him out of my mind.**
그를 내 마음속에서 지울 수가 없어요.

1초 안에 영어로 나오지 않는다면 1번에서 다시 연습합니다.

❶ 제 입장이 되어 보세요.

❷ 그를 내 마음속에서 지울 수가 없어요.

❸ 잊어 버려요, 제임스.

❹ 그는 집을 팔려고 내놓았어요.

❺ 피아노를 팔려고 내놓았어요.

❻ 당신을 위험에 빠뜨리고 싶지 않아요.

❼ 그것은 사람들을 위험에 빠뜨릴 수 있어요.

DAY 057

PUT
① 쓰다
② 표현하다

MP3 듣기

글씨, 표현 등을 옮겨 놓는다는 것은 결국 '~을 쓰다', '~을 표현하다'라는 의미가 됩니다. put it은 '말하다'라는 의미로도 많이 사용되니 하나의 표현처럼 외워 두셔도 됩니다.

STEP 1 문장으로 익히기

10번씩 반복해서 큰 소리로 읽어보며 내 것으로 만듭니다.

❶ **Don't put it like that.**
그렇게 말하지 마.

❷ **Let me put it this way.**
이렇게 말씀드릴게요.

❸ **Please put your signature here.**
여기에 서명해 주세요.

❹ **I'll put your name on the list.**
명단에 이름을 올릴게요.

❺ **Please put your name in the blank.**
빈 칸에 이름을 적어 주세요.

❻ **I will put my thought into action.**
제 생각을 행동으로 옮길게요.

❼ **You put me in charge of your finances.**
당신은 저에게 재무를 맡기셨습니다.

162   왕초보 스피킹 코치 영어회화

STEP 2 실전 대화에서 연습하기

학습한 문장을 활용해 실전 대화 연습을 해 봅시다.

A What the hell do you know about me?
대체 네가 나에 대해 뭘 안다고 그래?

B Don't put it like that.
그렇게 말하지 마.

~~~~~~

A Can I attend the party tomorrow?
내일 파티에 참석해도 될까요?

B Of course. I'll put your name on the list.
물론이죠. 명단에 이름을 올릴게요.

STEP 3 1초 안에 영어로 말해 보기

1초 안에 영어로 나오지 않는다면 1번에서 다시 연습합니다.

❶ 그렇게 말하지 마.

❷ 이렇게 말씀드릴게요.

❸ 여기에 서명해 주세요.

❹ 명단에 이름을 올릴게요.

❺ 빈 칸에 이름을 적어 주세요.

❻ 제 생각을 행동으로 옮길게요.

❼ 당신은 저에게 재무를 맡기셨습니다.

Review

그동안 배운 표현을 다시 한번 크게 5번 따라 읽어 본 후, 혼자서 크게 5번 읽어 봅시다.

1 Put it down, James.

따라 읽기 ① ② ③ ④ ⑤ / 혼자서 읽기 ① ② ③ ④ ⑤

2 Put it on my desk.

따라 읽기 ① ② ③ ④ ⑤ / 혼자서 읽기 ① ② ③ ④ ⑤

3 Don't put the wet towel in the bag.

따라 읽기 ① ② ③ ④ ⑤ / 혼자서 읽기 ① ② ③ ④ ⑤

4 Put lotion on your dry skin.

따라 읽기 ① ② ③ ④ ⑤ / 혼자서 읽기 ① ② ③ ④ ⑤

5 He put a lock on my door.

따라 읽기 ① ② ③ ④ ⑤ / 혼자서 읽기 ① ② ③ ④ ⑤

6 They put an advertisement in the newspaper.

따라 읽기 ① ② ③ ④ ⑤ / 혼자서 읽기 ① ② ③ ④ ⑤

7 Put yourself in my place.

따라 읽기 ① ② ③ ④ ⑤ / 혼자서 읽기 ① ② ③ ④ ⑤

8 I put my piano up for sale.

따라 읽기 ① ② ③ ④ ⑤ / 혼자서 읽기 ① ② ③ ④ ⑤

9 Please put your signature here.

따라 읽기 ① ② ③ ④ ⑤ / 혼자서 읽기 ① ② ③ ④ ⑤

10 Don't put it like that.

따라 읽기 ① ② ③ ④ ⑤ / 혼자서 읽기 ① ② ③ ④ ⑤

왼쪽 페이지를 가리고 영어로 말해 봅시다.

1 그거 내려놔요, 제임스.

----

2 제 책상 위에 올려 놓으세요.

----

3 젖은 수건을 가방에 넣지 마세요.

----

4 건조한 피부에 로션을 바르세요.

----

5 그가 내 문에 자물쇠를 채웠어요.

----

6 그들은 신문에 광고를 냈어요.

----

7 제 입장이 되어 보세요.

----

8 피아노를 팔려고 내놓았어요.

----

9 여기에 서명해 주세요.

----

10 그렇게 말하지 마.

10

꼭 알아야 하는
중요동사
GIVE

DAY 058

GIVE
① (누구에게 무엇을) 주다

MP3 듣기

동사 give의 기본의미는 '주다'입니다. 뒤에 누구에게 무엇을 주는지를 순서대로 말하면 '(누구에게 무엇을) 주다'라는 말을 할 수 있습니다. 이 기본구조를 기억하면서 다양한 문장을 만들어 보세요.

> **STEP 1** 문장으로 익히기

10번씩 반복해서 큰 소리로 읽어보며 내 것으로 만듭니다.

❶ Give me my bag.
제 가방을 주세요.

❷ Give me your coat.
코트 이리 주세요.

❸ Give me the keys. I'll drive.
열쇠를 주세요. 제가 운전할게요.

❹ Could you give me the menu?
메뉴판 좀 주시겠어요?

❺ Please give me something to drink.
마실 것 좀 주세요.

❻ He didn't give me anything to eat.
그는 나에게 먹을 것을 주지 않았어요.

❼ Please give me the same thing.
같은 걸로 주세요.

학습한 문장을 활용해 실전 대화 연습을 해 봅시다.

A Please give me something to drink.
마실 것 좀 주세요.

B Would you like a cup of coffee?
커피 한 잔 하시겠어요?

~~~~~~

A What would you like to order?
무엇을 주문하시겠어요?

B Please give me the same thing.
같은 걸로 주세요.

STEP 3 1초 안에 영어로 말해 보기

1초 안에 영어로 나오지 않는다면 1번에서 다시 연습합니다.

❶ 제 가방을 주세요.

❷ 코트 이리 주세요.

❸ 열쇠를 주세요. 제가 운전할게요.

❹ 메뉴판 좀 주시겠어요?

❺ 마실 것 좀 주세요.

❻ 그는 나에게 먹을 것을 주지 않았어요.

❼ 같은 걸로 주세요.

DAY 059

GIVE
① (추상적인 개념을) 주다

MP3 듣기

동사 give는 눈에 보이는 사물 뿐만 아니라 시간, 기회, 번호 등 눈에 보이지 않는 추상적인 것도 줄 수 있습니다. 자주 사용하는 give 표현들을 여러분 것으로 만들어 보세요.

> **STEP 1** 문장으로 익히기

10번씩 반복해서 큰 소리로 읽어보며 내 것으로 만듭니다.

❶ Give me a hint.
힌트 하나만 줘.

❷ Give me ten minutes.
10분만 줘.

❸ Come on. Give me a break.
제발요. 좀 봐주세요.

❹ Give me your attention, please.
주목해 주세요.

❺ I'll give you another chance.
한 번 더 기회를 드릴게요.

❻ Don't give him your number.
그에게 네 전화번호를 주지 마.

❼ Can you give me a ride to the station?
역까지 태워다 주실 수 있나요?

학습한 문장을 활용해 실전 대화 연습을 해 봅시다.

A Dad, we have to go right now.

아빠, 지금 당장 가야 해요.

B Give me ten minutes. It's almost finished.

10분만 줘. 거의 다 끝났어.

~~~~~~

A James asked for my phone number.

제임스가 제 전화번호를 물어봤어요.

B Don't give him your number.

그에게 네 전화번호를 주지 마.

1초 안에 영어로 나오지 않는다면 1번에서 다시 연습합니다.

❶ 힌트 하나만 줘.

❷ 10분만 줘.

❸ 제발요. 좀 봐주세요.

❹ 주목해 주세요.

❺ 한 번 더 기회를 드릴게요.

❻ 그에게 네 전화번호를 주지 마.

❼ 역까지 태워다 주실 수 있나요?

DAY 060

GIVE
① (구체적인 행위를) 주다

MP3 듣기

동사 give를 활용해서 '구체적인 행위를 주다'라는 표현을 할 수 있습니다. 조언하다(give advice), 도와주다(give a hand)등 자주 사용하는 표현들을 연습해주세요.

> **STEP 1** **문장으로 익히기**

10번씩 반복해서 큰 소리로 읽어보며 내 것으로 만듭니다.

❶ Give me a call.
전화 주세요.

❷ Give me a call when you're ready.
준비되면 전화 주세요.

❸ Please give me a wake-up call at 6:00.
6시에 모닝콜 부탁합니다.

❹ Please give me some advice.
조언 좀 해 주세요.

❺ I'll give you a piece of advice.
충고 하나 할게요.

❻ Can I give you a hand?
도와 드릴까요?

❼ Can you give me a hand with this?
이것 좀 도와 주시겠어요?

학습한 문장을 활용해 실전 대화 연습을 해 봅시다.

A Give me a call when you're ready.
준비되면 전화 주세요.

B All right. It'll take about five minutes.
좋아요. 약 5분 쯤 걸릴 거예요.

~~~~~~~~~~~~~~~~~~~~~~~~~~~~~~~~

A Hello, this is the front desk. May I help you?
여보세요, 프론트 데스크입니다. 무엇을 도와드릴까요?

B Please give me a wake-up call at 6:00.
6시에 모닝콜 부탁합니다.

1초 안에 영어로 나오지 않는다면 1번에서 다시 연습합니다.

❶ 전화 주세요.

❷ 준비되면 전화 주세요.

❸ 6시에 모닝콜 부탁합니다.

❹ 조언 좀 해 주세요.

❺ 충고 하나 할게요.

❻ 도와드릴까요?

❼ 이것 좀 도와주시겠어요?

Review

MP3 듣기

그동안 배운 표현을 다시 한번 크게 5번 따라 읽어 본 후, 혼자서 크게 5번 읽어 봅시다.

1 Give me my bag.

> 따라 읽기 ① ② ③ ④ ⑤ / 혼자서 읽기 ① ② ③ ④ ⑤

2 Give me the keys. I'll drive.

> 따라 읽기 ① ② ③ ④ ⑤ / 혼자서 읽기 ① ② ③ ④ ⑤

3 Could you give me the menu?

> 따라 읽기 ① ② ③ ④ ⑤ / 혼자서 읽기 ① ② ③ ④ ⑤

4 Please give me something to drink.

> 따라 읽기 ① ② ③ ④ ⑤ / 혼자서 읽기 ① ② ③ ④ ⑤

5 Give me ten minutes.

> 따라 읽기 ① ② ③ ④ ⑤ / 혼자서 읽기 ① ② ③ ④ ⑤

6 Give me your attention, please.

> 따라 읽기 ① ② ③ ④ ⑤ / 혼자서 읽기 ① ② ③ ④ ⑤

7 I'll give you another chance.

> 따라 읽기 ① ② ③ ④ ⑤ / 혼자서 읽기 ① ② ③ ④ ⑤

8 Give me a call.

> 따라 읽기 ① ② ③ ④ ⑤ / 혼자서 읽기 ① ② ③ ④ ⑤

9 Please give me a wake-up call at 6:00.

> 따라 읽기 ① ② ③ ④ ⑤ / 혼자서 읽기 ① ② ③ ④ ⑤

10 Can I give you a hand?

> 따라 읽기 ① ② ③ ④ ⑤ / 혼자서 읽기 ① ② ③ ④ ⑤

영어로 말해 봅시다.

왼쪽 페이지를 가리고 영어로 말해 봅시다.

① 제 가방을 주세요.

---

② 열쇠를 주세요. 제가 운전할게요.

---

③ 메뉴판 좀 주시겠어요?

---

④ 마실 것 좀 주세요.

---

⑤ 10분만 줘.

---

⑥ 주목해 주세요.

---

⑦ 한 번 더 기회를 드릴게요.

---

⑧ 전화 주세요.

---

⑨ 6시에 모닝콜 부탁합니다.

---

⑩ 도와드릴까요?

꼭 알아야 하는
중요동사
LOOK

I'd like to look inside.

LOOK
① 보다

MP3 듣기

look의 기본 의미는 '보다'입니다. 단순히 눈 앞에 있는 것들을 보는 것이 아니라, 의도를 가지고 적극적으로 바라보는 느낌이 있습니다. 의식하지 않아도 보게 되는 see와 달리 보고자 하는 대상이 정해져 있습니다. 다양한 전치사를 사용한 표현들도 함께 연습해주세요.

STEP 1 문장으로 익히기

10번씩 반복해서 큰 소리로 읽어보며 내 것으로 만듭니다.

❶ Look at me.
저 좀 보세요.

❷ Don't look at me like that.
나를 그런 식으로 보지 마세요.

❸ Look me in the eye.
내 눈을 똑바로 봐요.

❹ Don't look in my closet.
제 옷장 안을 들여다보지 마세요.

❺ I'd like to look inside.
안을 들여다보고 싶습니다.

❻ Please look at these papers carefully.
이 서류들을 잘 봐주세요.

❼ I look forward to seeing you again.
다시 뵙기를 기대합니다.

look somebody in the eye(s)/face는 '~의 눈/얼굴을 똑바로 쳐다보다'는 의미입니다.

학습한 문장을 활용해 실전 대화 연습을 해 봅시다.

A Look at me. Look me in the eye. Why did you do that to me?

저 좀 보세요. 내 눈을 똑바로 봐요. 저한테 왜 그랬어요?

B I'm sorry. I won't do that again.

미안해요. 다시는 안 그럴게요.

～～～～～～～～～～～～～～～～～～～～～～

A I had a great time today.

오늘 즐거웠어요.

B I had a nice time, too. I look forward to seeing you again.

저도 즐거웠어요. 다시 뵙기를 기대합니다.

look forward to는 '～하기를 몹시 기다리다'라는 의미입니다.

1초 안에 영어로 나오지 않는다면 1번에서 다시 연습합니다.

❶ 저 좀 보세요.

❷ 나를 그런 식으로 보지 마세요.

❸ 내 눈을 똑바로 봐요.

❹ 제 옷장 안을 들여다보지 마세요.

❺ 안을 들여다보고 싶습니다.

❻ 이 서류들을 잘 봐주세요.

❼ 다시 뵙기를 기대합니다.

DAY 062

LOOK+형용사

① ~해 보이다

MP3 듣기

동사 look 뒤에 pretty(예쁜), good(좋은) 등의 형용사가 등장하면 '~해 보이다, ~인 것 같다'라는 의미가 됩니다. 상대방의 모습을 보고 어떻게 보인다고 말할 때 주로 사용합니다.

> ### STEP 1   문장으로 익히기

10번씩 반복해서 큰 소리로 읽어보며 내 것으로 만듭니다.

❶ You look good.
좋아 보이네요.

❷ You look very tired.
매우 피곤해 보여요.

❸ How do I look?
저 어때 보여요?

❹ Do I look old?
제가 늙어 보이나요?

❺ You look different today.
오늘따라 달라 보이네요.

❻ He looks older than my brother.
그는 우리 오빠보다 더 늙어 보여요.

❼ You look good in that jacket.
그 재킷이 잘 어울리네요.

학습한 문장을 활용해 실전 대화 연습을 해 봅시다.

A How do I look today?

오늘 저 어때 보여요?

B You look different today.

오늘따라 달라 보이네요.

～～～～～～～～～～～

A I bought a new jacket yesterday.

어제 새 재킷을 샀어요.

B You look good in that jacket.

그 재킷이 잘 어울리네요.

1초 안에 영어로 나오지 않는다면 1번에서 다시 연습합니다.

❶ 좋아 보이네요.

❷ 매우 피곤해 보여요.

❸ 저 어때 보여요?

❹ 제가 늙어 보이나요?

❺ 오늘따라 달라 보이네요.

❻ 그는 우리 오빠보다 더 늙어 보여요.

❼ 그 재킷이 잘 어울리네요.

DAY 063

LOOK LIKE
① ~처럼 보이다

MP3 듣기

동사 look과 like를 함께 사용하면 '~처럼 보인다'라는 의미가 됩니다. 배우처럼 보인다거나, 부모님을 닮았다거나, 비가 올 것 같다고 할 때 사용할 수 있는 표현입니다.

> STEP 1 문장으로 익히기

10번씩 반복해서 큰 소리로 읽어보며 내 것으로 만듭니다.

❶ You look like an angel.
당신은 천사처럼 보여요.

❷ She looks like her mother.
그녀는 어머니를 닮았어요.

❸ He looks like an actor.
그는 배우처럼 보여요.

❹ Do I look like James?
내가 제임스를 닮았나요?

❺ You look like you're really tired.
당신은 정말 피곤해 보여요.

❻ You look like you want to say something.
하고 싶은 말이 있는 것 같아 보여요.

❼ It looks like it's going to rain.
비가 올 것 같아요.

학습한 문장을 활용해 실전 대화 연습을 해 봅시다.

A You look like you're really tired.

당신은 정말 피곤해 보여요.

B I worked all night last night.

어제 밤새도록 일했거든요.

~~~~~~

A I prepared this for you.

내가 널 위해 준비했어.

B Thank you. You look like an angel.

고마워. 너 천사처럼 보여.

1초 안에 영어로 나오지 않는다면 1번에서 다시 연습합니다.

❶ 당신은 천사처럼 보여요.

❷ 그녀는 어머니를 닮았어요.

❸ 그는 배우처럼 보여요.

❹ 내가 제임스를 닮았나요?

❺ 당신은 정말 피곤해 보여요.

❻ 하고 싶은 말이 있는 것 같아 보여요.

❼ 비가 올 것 같아요.

Review

MP3 듣기

그동안 배운 표현을 다시 한번 크게 5번 따라 읽어 본 후, 혼자서 크게 5번 읽어 봅시다.

1 Look at me.

따라 읽기 ① ② ③ ④ ⑤ / 혼자서 읽기 ① ② ③ ④ ⑤

2 Please look at these papers carefully.

따라 읽기 ① ② ③ ④ ⑤ / 혼자서 읽기 ① ② ③ ④ ⑤

3 I look forward to seeing you again.

따라 읽기 ① ② ③ ④ ⑤ / 혼자서 읽기 ① ② ③ ④ ⑤

4 You look good.

따라 읽기 ① ② ③ ④ ⑤ / 혼자서 읽기 ① ② ③ ④ ⑤

5 You look very tired.

따라 읽기 ① ② ③ ④ ⑤ / 혼자서 읽기 ① ② ③ ④ ⑤

6 You look different today.

따라 읽기 ① ② ③ ④ ⑤ / 혼자서 읽기 ① ② ③ ④ ⑤

7 You look good in that jacket.

따라 읽기 ① ② ③ ④ ⑤ / 혼자서 읽기 ① ② ③ ④ ⑤

8 She looks like her mother.

따라 읽기 ① ② ③ ④ ⑤ / 혼자서 읽기 ① ② ③ ④ ⑤

9 You look like you're really tired.

따라 읽기 ① ② ③ ④ ⑤ / 혼자서 읽기 ① ② ③ ④ ⑤

10 It looks like it's going to rain.

따라 읽기 ① ② ③ ④ ⑤ / 혼자서 읽기 ① ② ③ ④ ⑤

영어로 말해 봅시다.

왼쪽 페이지를 가리고 영어로 말해 봅시다.

1 저 좀 보세요.

_____

2 이 서류들을 잘 봐주세요.

_____

3 다시 뵙기를 기대합니다.

_____

4 좋아 보이네요.

_____

5 매우 피곤해 보여요.

_____

6 오늘따라 달라 보이네요.

_____

7 그 재킷이 잘 어울리네요.

_____

8 그녀는 어머니를 닮았어요.

_____

9 당신은 정말 피곤해 보여요.

_____

10 비가 올 것 같아요.

_____

UNIT 12

꼭 알아야 하는
중요동사
BRING

Bring the key.

DAY 064

BRING
① ~을 가져오다
② ~를 데려오다

MP3 듣기

동사 bring의 기본 의미는 무언가를 '가져오다, 데려오다'입니다. 뒤에 사물이 등장하면 '가지고 오다', 사람이 등장하면 '데리고 오다'라는 의미가 됩니다.

> ## STEP 1 문장으로 익히기

10번씩 반복해서 큰 소리로 읽어보며 내 것으로 만듭니다.

❶ **Bring the key.**
열쇠를 가져오세요.

❷ **Bring him home.**
그를 집으로 데려오세요.

❸ **Can I bring my friends?**
친구들 데리고 가도 돼요?

❹ **I brought a present for you.**
당신에게 줄 선물을 가져왔어요.

❺ **Did you bring a hairdryer?**
헤어드라이어 가져왔나요?

❻ **I forgot to bring extra clothes.**
여벌 옷을 가져오는 것을 잊었어요.

❼ **Don't forget to bring a camera.**
카메라 가져오는 것 잊지 마세요.

학습한 문장을 활용해 실전 대화 연습을 해 봅시다.

Ⓐ Happy Birthday, James. I brought a present for you.
생일 축하해. 제임스. 당신에게 줄 선물을 가져왔어요.

Ⓑ This is what I wanted. You're an angel.
제가 원하던 거였어요. 당신은 천사예요.

Ⓐ Did you bring a hairdryer?
헤어드라이어 가져왔나요?

Ⓑ I'm sorry. I forgot to bring it.
미안해요. 깜빡 잊고 안 가져왔어요.

STEP 3 1초 안에 영어로 말해 보기

1초 안에 영어로 나오지 않는다면 1번에서 다시 연습합니다.

❶ 열쇠를 가져오세요.

❷ 그를 집으로 데려오세요.

❸ 친구들 데리고 가도 돼요?

❹ 당신에게 줄 선물을 가져왔어요.

❺ 헤어드라이어 가져왔나요?

❻ 여벌 옷을 가져오는 것을 잊었어요.

❼ 카메라 가져오는 것 잊지 마세요.

DAY 065

BRING

① ~에게 ~를 가져다 주다

MP3 듣기

동사 bring 뒤에 사람, 사물이 순서대로 오면 '누구에게 무엇을 가져다 주다'라는 뜻이 됩니다. 예를 들어서 '나에게 그 열쇠를 가져다 줘'는 Bring me the key.라고 할 수 있습니다.

> ## STEP 1 문장으로 익히기

10번씩 반복해서 큰 소리로 읽어보며 내 것으로 만듭니다.

❶ Bring me my shoes.
제 신발을 가져다 주세요.

❷ Bring me some cold water.
차가운 물 좀 갖다 주세요.

❸ Bring me something to eat.
먹을 것 좀 갖다 주세요.

❹ Bring him a drink.
그에게 술 한 잔 갖다 주세요.

❺ Can you bring me a blanket?
담요 좀 가져다 주시겠어요?

❻ Can you bring me the bill, please?
계산서 좀 갖다 주시겠어요?

❼ Please bring me a chair from the next room.
옆방에서 의자를 가져다 주세요.

학습한 문장을 활용해 실전 대화 연습을 해 봅시다.

Ⓐ **Can you bring me a blanket?**
담요 좀 가져다 주시겠어요?

Ⓑ **Hold on a moment, please.**
잠시만 기다려 주세요.

~~~~~~

Ⓐ **Bring him a drink.**
그에게 술 한 잔 갖다 주세요.

Ⓑ **I'll bring it to you after dinner.**
저녁 식사 후 가져다 드릴게요.

1초 안에 영어로 나오지 않는다면 1번에서 다시 연습합니다.

❶ 제 신발을 가져다 주세요.
❷ 차가운 물 좀 갖다 주세요.
❸ 먹을 것 좀 갖다 주세요.
❹ 그에게 술 한 잔 갖다 주세요.
❺ 담요 좀 가져다 주시겠어요?
❻ 계산서 좀 갖다 주시겠어요?
❼ 옆방에서 의자를 가져다 주세요.

DAY 066

BRING
① 야기하다, 초래하다

MP3 듣기

동사 bring은 어떤 사물 뿐만 아니라 감정이나 결과와 같은 추상적인 개념도 가져올 수 있습니다. 이 때는 '야기하다, 초래하다'의 뜻이 됩니다. 행복을 가져다 주고, 변화를 가져다 주는 다양한 상황을 bring을 활용해서 말해 보세요.

> ## STEP 1 문장으로 익히기

10번씩 반복해서 큰 소리로 읽어보며 내 것으로 만듭니다.

❶ **New ideas bring changes.**
새로운 아이디어는 변화를 가져옵니다.

❷ **It will bring good changes.**
그것은 좋은 변화를 가져올 것입니다.

❸ **It brings me great joy.**
그것은 저에게 큰 기쁨을 가져다 줍니다.

❹ **Does money bring happiness?**
돈이 행복을 가져다 주나요?

❺ **Her lies will bring her problems.**
그녀의 거짓말은 그녀에게 문제를 가져다 줄 거예요.

❻ **That song brings tears to my eyes.**
그 노래 때문에 눈물이 나요.

❼ **You are the one who brings me joy.**
당신은 나에게 기쁨을 가져다주는 사람이에요.

STEP 2 실전 대화에서 연습하기

학습한 문장을 활용해 실전 대화 연습을 해 봅시다.

A Does money bring happiness?

돈이 행복을 가져다 주나요?

B Well, of course, it can.

물론 그럴 수도 있죠.

A Jenny lied to me again.

제니가 저에게 또 거짓말을 했어요.

B That's too bad. Her lies will bring her problems.

그거 안됐군요. 그녀의 거짓말은 그녀에게 문제를 가져다 줄 거예요.

STEP 3 1초 안에 영어로 말해 보기

1초 안에 영어로 나오지 않는다면 1번에서 다시 연습합니다.

① 새로운 아이디어는 변화를 가져옵니다.

② 그것은 좋은 변화를 가져올 것입니다.

③ 그것은 저에게 큰 기쁨을 가져다 줍니다.

④ 돈이 행복을 가져다 주나요?

⑤ 그녀의 거짓말은 그녀에게 문제를 가져다 줄 거예요.

⑥ 그 노래 때문에 눈물이 나요.

⑦ 당신은 나에게 기쁨을 가져다주는 사람이에요.

Review

그동안 배운 표현을 다시 한번 크게 5번 따라 읽어 본 후, 혼자서 크게 5번 읽어 봅시다.

① Bring the key.

따라 읽기 ① ② ③ ④ ⑤ / 혼자서 읽기 ① ② ③ ④ ⑤

② Bring him home.

따라 읽기 ① ② ③ ④ ⑤ / 혼자서 읽기 ① ② ③ ④ ⑤

③ I brought a present for you.

따라 읽기 ① ② ③ ④ ⑤ / 혼자서 읽기 ① ② ③ ④ ⑤

④ Don't forget to bring a camera.

따라 읽기 ① ② ③ ④ ⑤ / 혼자서 읽기 ① ② ③ ④ ⑤

⑤ Bring me my shoes.

따라 읽기 ① ② ③ ④ ⑤ / 혼자서 읽기 ① ② ③ ④ ⑤

⑥ Bring me some cold water.

따라 읽기 ① ② ③ ④ ⑤ / 혼자서 읽기 ① ② ③ ④ ⑤

⑦ Can you bring me the bill, please?

따라 읽기 ① ② ③ ④ ⑤ / 혼자서 읽기 ① ② ③ ④ ⑤

⑧ New ideas bring changes.

따라 읽기 ① ② ③ ④ ⑤ / 혼자서 읽기 ① ② ③ ④ ⑤

⑨ Does money bring happiness?

따라 읽기 ① ② ③ ④ ⑤ / 혼자서 읽기 ① ② ③ ④ ⑤

⑩ That song brings tears to my eyes.

따라 읽기 ① ② ③ ④ ⑤ / 혼자서 읽기 ① ② ③ ④ ⑤

왼쪽 페이지를 가리고 영어로 말해 봅시다.

① 열쇠를 가져오세요.

----

② 그를 집으로 데려오세요.

----

③ 당신에게 줄 선물을 가져왔어요.

----

④ 카메라 가져오는 것 잊지 마세요.

----

⑤ 제 신발을 가져다 주세요.

----

⑥ 차가운 물 좀 갖다 주세요.

----

⑦ 계산서 좀 갖다 주시겠어요?

----

⑧ 새로운 아이디어는 변화를 가져옵니다.

----

⑨ 돈이 행복을 가져다 주나요?

----

⑩ 그 노래 때문에 눈물이 나요.

영어 실력을
업그레이드 해 줄
기본동사

TRY

Can I try this on?

DAY 067

TRY
① ~을 시도하다

MP3 듣기

〈try＋명사〉 형태가 되면 '~을 시도하다'라는 의미가 됩니다. 뒤에 음식이 오면 '음식을 먹어 보다', 옷이 오면 '옷을 입어 보다'라는 의미로 확장될 수 있습니다.

> **STEP 1** 문장으로 익히기

10번씩 반복해서 큰 소리로 읽어보며 내 것으로 만듭니다.

❶ Let's try it again.
한 번 더 해 보죠.

❷ Try this rice cake!
이 떡을 먹어 보세요!

❸ You must try this cheesecake!
이 치즈 케이크를 꼭 먹어 봐야 해요!

❹ Have you tried Kimchi before?
전에 김치를 먹어 본 적이 있나요?

❺ Can I try this on?
이거 입어 봐도 되나요?

❻ Try the shoes on before you buy them.
신발을 사기 전에 신어 보세요.

❼ I'm sorry, but you can't try this sweater on.
죄송하지만 이 스웨터는 입어 보실 수 없습니다.

학습한 문장을 활용해 실전 대화 연습을 해 봅시다.

🅰 **You must try this cheesecake!**
이 치즈 케이크를 꼭 먹어 봐야 해요!

🅱 **This is so good. I mean it!**
정말 맛있어요. 진심이에요!

~~~~~~~~~~~~~~~~~~~~~~~~~~~~~~

🅰 **Can I try this on?**
이거 입어 봐도 되나요?

🅱 **I'm sorry, but you can't try this sweater on.**
죄송하지만 이 스웨터는 입어보실 수 없습니다.

1초 안에 영어로 나오지 않는다면 1번에서 다시 연습합니다.

❶ 한 번 더 해 보죠.

❷ 이 떡을 먹어 보세요!

❸ 이 치즈 케이크를 꼭 먹어 봐야 해요!

❹ 전에 김치를 먹어 본 적이 있나요?

❺ 이거 입어 봐도 되나요?

❻ 신발을 사기 전에 신어 보세요.

❼ 죄송하지만 이 스웨터는 입어 보실 수 없습니다.

DAY 068

TRY
① ~하려고 노력하다
② ~하려고 시도하다

MP3 듣기

〈try+to 동사원형〉이 되면 '~하려고 시도하다, ~노력하다'라는 의미가 됩니다. 뭔가를 열심히 해보는 적극적인 의지가 반영된 표현입니다. 예를 들어서 try to study English라고 하면 영어공부를 하려고 노력한다는 말입니다.

> ## STEP 1 문장으로 익히기

10번씩 반복해서 큰 소리로 읽어보며 내 것으로 만듭니다.

❶ Try to remain calm.
침착하도록 노력하세요.

❷ I'm trying to help you.
도와 드리려고 하고 있어요.

❸ I tried to do my best.
최선을 다하려고 노력했어요.

❹ I'm trying to find a new job.
저는 새로운 일을 찾으려고 노력하고 있어요.

❺ Are you trying to quit smoking?
담배를 끊으려고 하시는 건가요?

❻ Why are you trying to lose weight?
왜 살을 빼려고 해요?

❼ That's what I'm trying to do.
그게 바로 제가 하려는 것입니다.

STEP 2 실전 대화에서 연습하기

학습한 문장을 활용해 실전 대화 연습을 해 봅시다.

A It's so annoying. I don't understand why.
너무 짜증나요. 왜 그런지 이해할 수 없는데요.

B Try to remain calm.
침착하도록 노력하세요.

~~~~~~

A Are you trying to quit smoking?
담배를 끊으려고 하시는 건가요?

B I don't feel well these days.
요즘 몸이 안 좋거든요.

STEP 3 1초 안에 영어로 말해 보기

1초 안에 영어로 나오지 않는다면 1번에서 다시 연습합니다.

❶ 침착하도록 노력하세요.

❷ 도와 드리려고 하고 있어요.

❸ 최선을 다하려고 노력했어요.

❹ 저는 새로운 일을 찾으려고 노력하고 있어요.

❺ 담배를 끊으려고 하시는 건가요?

❻ 왜 살을 빼려고 해요?

❼ 그게 바로 제가 하려는 것입니다.

DAY 069

TRY

① 시험 삼아 ~을 한번 해 보다

MP3 듣기

〈try + -ing〉 형태가 되면 '시험삼아 ~을 한 번 시도해 보다'라는 의미가 됩니다. try to가 열심히 노력하는 적극적인 의지라면 〈try + -ing〉는 안 되도 그냥 한번 해 본다는 소극적인 의지를 나타냅니다.

> (STEP 1) **문장으로 익히기**

10번씩 반복해서 큰 소리로 읽어보며 내 것으로 만듭니다.

❶ Try calling him.
그에게 전화해 보세요.

❷ Try asking your mother.
어머니께 한번 물어 보세요.

❸ Try adding some salt.
소금을 좀 넣어 보세요.

❹ Try using earplugs if he snores.
그가 코를 골면 귀마개를 사용해 보세요.

❺ I tried doing my homework yesterday.
나는 어제 숙제를 해 보았습니다.

❻ Have you ever tried windsurfing?
윈드서핑을 해 본 적이 있나요?

❼ Have you ever tried drinking coffee to stay up?
늦게까지 안 자려고 커피를 마셔 본 적이 있나요?

학습한 문장을 활용해 실전 대화 연습을 해 봅시다.

A It tastes a little bland to me.

제 입에는 조금 싱거운데요.

B Try adding some salt.

소금을 좀 넣어 보세요.

~~~~~~~~~~~~~~~~~~~~~~~~~~~~~~~~~~~~~

A Have you ever tried drinking coffee to stay up?

늦게까지 안 자려고 커피를 마셔 본 적이 있나요?

B Of course. I drink coffee every time I take a test.

물론이죠. 저는 시험볼 때면 늘 커피를 마셔요.

stay up은 평상시보다 늦게까지 안 자고 깨어 있다는 의미입니다.

STEP 3 1초 안에 영어로 말해 보기

1초 안에 영어로 나오지 않는다면 1번에서 다시 연습합니다.

❶ 그에게 전화해 보세요.

❷ 어머니께 한번 물어 보세요.

❸ 소금을 좀 넣어 보세요.

❹ 그가 코를 골면 귀마개를 사용해 보세요.

❺ 나는 어제 숙제를 해 보았습니다.

❻ 윈드서핑을 해 본 적이 있나요?

❼ 늦게까지 안 자려고 커피를 마셔 본 적이 있나요?

그동안 배운 표현을 다시 한번 크게 5번 따라 읽어 본 후, 혼자서 크게 5번 읽어 봅시다.

① Let's try it again.

따라 읽기 ① ② ③ ④ ⑤ / 혼자서 읽기 ① ② ③ ④ ⑤

② You must try this cheesecake!

따라 읽기 ① ② ③ ④ ⑤ / 혼자서 읽기 ① ② ③ ④ ⑤

③ Can I try this on?

따라 읽기 ① ② ③ ④ ⑤ / 혼자서 읽기 ① ② ③ ④ ⑤

④ Try the shoes on before you buy them.

따라 읽기 ① ② ③ ④ ⑤ / 혼자서 읽기 ① ② ③ ④ ⑤

⑤ Try to remain calm.

따라 읽기 ① ② ③ ④ ⑤ / 혼자서 읽기 ① ② ③ ④ ⑤

⑥ I tried to do my best.

따라 읽기 ① ② ③ ④ ⑤ / 혼자서 읽기 ① ② ③ ④ ⑤

⑦ Are you trying to quit smoking?

따라 읽기 ① ② ③ ④ ⑤ / 혼자서 읽기 ① ② ③ ④ ⑤

⑧ Try calling him.

따라 읽기 ① ② ③ ④ ⑤ / 혼자서 읽기 ① ② ③ ④ ⑤

⑨ Try adding some salt.

따라 읽기 ① ② ③ ④ ⑤ / 혼자서 읽기 ① ② ③ ④ ⑤

⑩ Have you ever tried drinking coffee to stay up?

따라 읽기 ① ② ③ ④ ⑤ / 혼자서 읽기 ① ② ③ ④ ⑤

영어로 말해 봅시다.

왼쪽 페이지를 가리고 영어로 말해 봅시다.

1 한 번 더 해 보죠.

----

2 이 치즈 케이크를 꼭 먹어 봐야 해요!

----

3 이거 입어 봐도 돼요?

----

4 신발을 사기 전에 신어 보세요.

----

5 침착하도록 노력하세요.

----

6 최선을 다하려고 노력했어요.

----

7 담배를 끊으려고 하시는 건가요?

----

8 그에게 전화해 보세요.

----

9 소금을 좀 넣어 보세요.

----

10 깨어있기 위해 커피를 마셔 본 적이 있나요?

영어 실력을
업그레이드 해 줄
기본동사

BREAK

DAY 070

BREAK

① 부러뜨리다
② 깨다, 부수다

MP3 듣기

동사 break의 기본 의미는 '깨다, 부수다'입니다. 보통 뒤에 사물이 등장해서 '(사물을) 깨다'라는 의미가 되는데 사람이 등장하면 '신체 일부가 부러지다'라는 의미가 됩니다.

> ### STEP 1 문장으로 익히기

10번씩 반복해서 큰 소리로 읽어보며 내 것으로 만듭니다.

❶ I broke my leg.
다리가 부러졌어요.

❷ I fell and broke my arm.
넘어져서 팔이 부러졌어요.

❸ He broke his arm three weeks ago.
그는 3주 전에 팔이 부러졌어요.

❹ I broke my arm when I was a child.
어렸을 때 팔이 부러졌어요.

❺ Who broke the window?
누가 창문을 깼어요?

❻ When did you break the window?
언제 창문을 깼어요?

❼ I think my cell phone is broken.
핸드폰이 고장 난 것 같아요.

STEP 2 실전 대화에서 연습하기

학습한 문장을 활용해 실전 대화 연습을 해 봅시다.

A What happened to you?
어떻게 된 거예요?

B I fell and broke my arm.
넘어져서 팔이 부러졌어요.

～～～～～～～～～～～～～～～～～

A Who broke the window?
누가 창문을 깼어요?

B I think James broke the window.
제임스가 창문을 깬 것 같아요.

STEP 3 1초 안에 영어로 말해 보기

1초 안에 영어로 나오지 않는다면 1번에서 다시 연습합니다.

❶ 다리가 부러졌어요.

❷ 넘어져서 팔이 부러졌어요.

❸ 그는 3주 전에 팔이 부러졌어요.

❹ 어렸을 때 팔이 부러졌어요.

❺ 누가 창문을 깼어요?

❻ 언제 창문을 깼어요?

❼ 핸드폰이 고장 난 것 같아요.

DAY 071

BREAK

① (규칙, 약속, 기록 등을) 깨다

MP3 듣기

동사 break 뒤에는 사물 이외에 추상적인 대상이 나올 수도 있습니다. rule(규칙), promise(약속), record(기록) 등이 등장해서 '(규칙이나 약속, 기록 등을) 깨다'라는 의미가 됩니다.

> ## STEP 1 문장으로 익히기

10번씩 반복해서 큰 소리로 읽어보며 내 것으로 만듭니다.

❶ You're breaking the law.
당신은 법을 어기고 있어요.

❷ I've never broken the law.
저는 법을 어긴 적이 없어요.

❸ Don't break the rule.
규칙을 어기지 마세요.

❹ I won't break the rule.
규칙을 어기지 않겠습니다.

❺ I'm sorry I broke my promise.
약속을 지키지 못해 미안해요.

❻ You shouldn't break your promise.
약속을 어기지 않는 게 좋아요.

❼ I want to break the world record.
세계 기록을 깨고 싶어요.

학습한 문장을 활용해 실전 대화 연습을 해 봅시다.

A You promised me you wouldn't do that.

그러지 않겠다고 약속했잖아요.

B I'm sorry I broke my promise.

약속을 지키지 못해 미안해요.

A I want to break the world record.

세계 기록을 깨고 싶어요.

B You can do it. Don't forget that I'm always behind you.

넌 할 수 있어. 난 항상 네 편이라는 것을 잊지마.

I'm behind you.는 '당신 뒤에서 응원한다'는 의미로 '나는 당신 편입니다'라는 의미입니다.

1초 안에 영어로 나오지 않는다면 1번에서 다시 연습합니다.

① 당신은 법을 어기고 있어요.

② 저는 법을 어긴 적이 없어요.

③ 규칙을 어기지 마세요.

④ 규칙을 어기지 않겠습니다.

⑤ 약속을 지키지 못해 미안해요.

⑥ 약속을 어기지 않는 게 좋아요.

⑦ 세계 기록을 깨고 싶어요.

DAY 072

BREAK
① 감정을 상하게 하다
② 분위기를 깨다

MP3 듣기

첫 만남을 할 때 break the ice라는 표현을 사용할 수 있는데요. 이 표현은 '얼음을 깨다'가 아니라 '어색한 분위기를 깨다'라는 의미를 가지고 있습니다. 또한 '감정을 상하게 하다'라고 할 때는 break heart라고 하면 됩니다.

> **STEP 1** 문장으로 익히기

10번씩 반복해서 큰 소리로 읽어보며 내 것으로 만듭니다.

❶ Let's break the ice.
분위기 좀 살려 볼게요.

❷ Let's play a game to break the ice.
어색한 분위기를 깰 겸 게임을 하죠.

❸ Is there anybody who can break the ice?
어색한 분위기 좀 깨줄 사람 없나요?

❹ I didn't mean to break your heart.
당신의 마음을 아프게 할 생각은 없었어요.

❺ I don't want to break your heart.
당신의 마음을 아프게 하고 싶지 않아요.

❻ His laugh broke the silence.
그의 웃음소리에 침묵이 깨졌어요.

❼ He broke the silence and started to talk.
그 남자는 침묵을 깨고 말하기 시작했어요.

학습한 문장을 활용해 실전 대화 연습을 해 봅시다.

A How could you do that?
네가 어떻게 그럴 수 있어?

B I'm sorry. I didn't mean to break your heart.
미안해요. 당신의 마음을 아프게 할 생각은 없었어요.

A Is there anybody who can break the ice?
어색한 분위기 좀 깨줄 사람 없나요?

B I'll give it a try.
제가 한 번 해볼게요.

STEP 3 1초 안에 영어로 말해 보기

1초 안에 영어로 나오지 않는다면 1번에서 다시 연습합니다.

❶ 분위기 좀 살려 볼게요.

❷ 어색한 분위기를 깰 겸 게임을 하죠.

❸ 어색한 분위기 좀 깨줄 사람 없나요?

❹ 당신의 마음을 아프게 할 생각은 없었어요.

❺ 당신의 마음을 아프게 하고 싶지 않아요.

❻ 그의 웃음소리에 침묵이 깨졌어요.

❼ 그 남자는 침묵을 깨고 말하기 시작했어요.

그동안 배운 표현을 다시 한번 크게 5번 따라 읽어 본 후, 혼자서 크게 5번 읽어 봅시다.

① I broke my leg.

따라 읽기 ① ② ③ ④ ⑤ / 혼자서 읽기 ① ② ③ ④ ⑤

② Who broke the window?

따라 읽기 ① ② ③ ④ ⑤ / 혼자서 읽기 ① ② ③ ④ ⑤

③ I think my cell phone is broken.

따라 읽기 ① ② ③ ④ ⑤ / 혼자서 읽기 ① ② ③ ④ ⑤

④ I've never broken the law.

따라 읽기 ① ② ③ ④ ⑤ / 혼자서 읽기 ① ② ③ ④ ⑤

⑤ I won't break the rule.

따라 읽기 ① ② ③ ④ ⑤ / 혼자서 읽기 ① ② ③ ④ ⑤

⑥ I'm sorry I broke my promise.

따라 읽기 ① ② ③ ④ ⑤ / 혼자서 읽기 ① ② ③ ④ ⑤

⑦ I want to break the world record.

따라 읽기 ① ② ③ ④ ⑤ / 혼자서 읽기 ① ② ③ ④ ⑤

⑧ Let's break the ice.

따라 읽기 ① ② ③ ④ ⑤ / 혼자서 읽기 ① ② ③ ④ ⑤

⑨ I don't want to break your heart.

따라 읽기 ① ② ③ ④ ⑤ / 혼자서 읽기 ① ② ③ ④ ⑤

⑩ His laugh broke the silence.

따라 읽기 ① ② ③ ④ ⑤ / 혼자서 읽기 ① ② ③ ④ ⑤

영어로 말해 봅시다.

왼쪽 페이지를 가리고 영어로 말해 봅시다.

① 다리가 부러졌어요.

----

② 누가 창문을 깼어요?

----

③ 핸드폰이 고장 난 것 같아요.

----

④ 저는 법을 어긴 적이 없어요.

----

⑤ 규칙을 어기지 않겠습니다.

----

⑥ 약속을 지키지 못해 미안해요.

----

⑦ 세계 기록을 깨고 싶어요.

----

⑧ 분위기 좀 살려 볼게요.

----

⑨ 당신의 마음을 아프게 하고 싶지 않아요.

----

⑩ 그의 웃음소리에 침묵이 깨졌어요.

영어 실력을
업그레이드 해 줄
기본동사

RUN

I can run fast.

DAY 073

RUN
① 달리다
② 운행되다

MP3 듣기

run의 기본 의미는 '달리다'입니다. runner(주자), running shoes (운동화) 등으로 확장되어 사용되기도 합니다. 교통수단이 주어로 나오면 '운행되다'라는 말이 됩니다.

STEP 1 문장으로 익히기

10번씩 반복해서 큰 소리로 읽어보며 내 것으로 만듭니다.

❶ I can run fast.
저는 빨리 달릴 수 있어요.

❷ I can't run when I'm full.
배가 부르면 달릴 수가 없어요.

❸ Can you run as fast as James?
제임스 만큼 빨리 달릴 수 있나요?

❹ You have to run to catch the bus.
버스를 타려면 뛰어야 해요.

❺ A free shuttle bus runs between the terminals.
터미널 간에는 무료 셔틀 버스가 운행됩니다.

❻ Buses to Seoul run every 30 minutes.
서울로 가는 버스는 30분마다 운행됩니다.

❼ I can run 100 meters in 12 seconds.
저는 100미터를 12초에 달릴 수 있습니다.

학습한 문장을 활용해 실전 대화 연습을 해 봅시다.

Ⓐ Can you run as fast as James?
제임스 만큼 빨리 달릴 수 있나요?

Ⓑ Sure. I can run 100 meters in 12 seconds.
물론이죠. 저는 100미터를 12초에 달릴 수 있어요.

~~~~~~~~~~~~~~~~~~~~~~~~~~~~~~~~~~~~~

Ⓐ How often does the bus to Seoul run?
서울행 버스는 얼마나 자주 운행하나요?

Ⓑ Buses to Seoul run every 30 minutes.
서울로 가는 버스는 30분마다 운행됩니다.

1초 안에 영어로 나오지 않는다면 1번에서 다시 연습합니다.

❶ 저는 빨리 달릴 수 있어요.

❷ 배가 부르면 달릴 수가 없어요.

❸ 제임스 만큼 빨리 달릴 수 있나요?

❹ 버스를 타려면 뛰어야 해요.

❺ 터미널 간에는 무료 셔틀 버스가 운행됩니다.

❻ 서울로 가는 버스는 30분마다 운행됩니다.

❼ 저는 100미터를 12초에 달릴 수 있습니다.

DAY 074

RUN
① 운영하다
② 작동시키다

MP3 듣기

run은 무언가를 돌린다는 뉘앙스를 가지고 있습니다. 사업을 돌린다는 것은 '사업을 운영하다'라고 할 수 있습니다. 기계가 주어로 나오면 '기계가 돌아가다' 즉 '작동하다, 작동시키다'라는 의미가 됩니다.

> STEP 1 문장으로 익히기

10번씩 반복해서 큰 소리로 읽어보며 내 것으로 만듭니다.

❶ I run a small company.
저는 작은 회사를 운영해요.

❷ My parents run a restaurant.
저희 부모님은 식당을 운영하세요.

❸ He's running a small restaurant.
그는 작은 식당을 운영하고 있어요.

❹ Jenny told me she ran a company.
제니는 회사를 운영한다고 했어요.

❺ My father ran a restaurant when I was young.
내가 어렸을 때 아버지는 식당을 운영했어요.

❻ How does the engine run?
엔진은 어떻게 작동합니까?

❼ Can you run the engine for a moment?
엔진 좀 잠깐 작동시켜 주시겠어요?

STEP 2 실전 대화에서 연습하기

학습한 문장을 활용해 실전 대화 연습을 해 봅시다.

A What do you do?

무슨 일을 하세요?

B I run a small company.

저는 작은 회사를 운영해요.

A What do your parents do?

네 부모님은 무슨 일을 하시니?

B My parents run a restaurant.

저희 부모님은 식당을 운영하세요.

STEP 3 1초 안에 영어로 말해 보기

1초 안에 영어로 나오지 않는다면 1번에서 다시 연습합니다.

① 저는 작은 회사를 운영해요.

② 저희 부모님은 식당을 운영하세요.

③ 그는 작은 식당을 운영하고 있어요.

④ 제니는 회사를 운영한다고 했어요.

⑤ 내가 어렸을 때 아버지는 식당을 운영했어요.

⑥ 엔진은 어떻게 작동합니까?

⑦ 엔진 좀 잠깐 작동시켜 주시겠어요?

DAY 075

RUN

① 흐르다
② 피지다
③ 상영하다

MP3 듣기

강물이 계속해서 흐르거나, 소문이 퍼지거나, 영화가 상영된다는 말을 동사 run을 사용해서 표현할 수 있습니다. 기본 의미인 '달리다'에서 의미를 확장시켜 주시면 됩니다.

STEP 1 문장으로 익히기

10번씩 반복해서 큰 소리로 읽어보며 내 것으로 만듭니다.

❶ Your nose is running.
네 코에서 콧물이 흘러.

❷ Tears ran from her eyes.
그녀의 눈에서 눈물이 흘렀어요.

❸ She felt tears run down her cheeks.
그녀는 볼에 눈물이 흘러내리는 것을 느꼈어요.

❹ The rumor runs that our teacher will leave school.
우리 선생님이 학교를 떠난다는 소문이 돌고 있어요.

❺ The movie runs for two hours.
그 영화는 두 시간 동안 상영됩니다.

❻ She's running a temperature.
그녀는 열이 있어요.

❼ Fatness tends to run in families.
비만은 집안 내력인 경향이 있습니다.

run a temperature/fever는 '열이 나다'라는 의미이고 run in the family는 '집안 내력이다'라는 의미입니다.

학습한 문장을 활용해 실전 대화 연습을 해 봅시다.

A The rumor runs that our teacher will leave school.
우리 선생님이 학교를 떠난다는 소문이 돌고 있어요.

B No way. You must be kidding.
말도 안 돼요. 농담하시는 거죠?

A How long does the movie run?
이 영화는 상영 시간이 얼마나 되나요?

B The movie runs for two hours.
그 영화는 두 시간 동안 상영됩니다.

1초 안에 영어로 나오지 않는다면 1번에서 다시 연습합니다.

❶ 네 코에서 콧물이 흘러.

❷ 그녀의 눈에서 눈물이 흘렀어요.

❸ 그녀는 볼에 눈물이 흘러내리는 것을 느꼈어요.

❹ 우리 선생님이 학교를 떠난다는 소문이 돌고 있어요.

❺ 그 영화는 두 시간 동안 상영됩니다.

❻ 그녀는 열이 있어요.

❼ 비만은 집안 내력인 경향이 있습니다.

Review

MP3 듣기

그동안 배운 표현을 다시 한번 크게 5번 따라 읽어 본 후, 혼자서 크게 5번 읽어 봅시다.

1 You have to run to catch the bus.

따라 읽기 ① ② ③ ④ ⑤ / 혼자서 읽기 ① ② ③ ④ ⑤

2 A free shuttle bus runs between the terminals.

따라 읽기 ① ② ③ ④ ⑤ / 혼자서 읽기 ① ② ③ ④ ⑤

3 Buses to Seoul run every 30 minutes.

따라 읽기 ① ② ③ ④ ⑤ / 혼자서 읽기 ① ② ③ ④ ⑤

4 He's running a small restaurant.

따라 읽기 ① ② ③ ④ ⑤ / 혼자서 읽기 ① ② ③ ④ ⑤

5 How does the engine run?

따라 읽기 ① ② ③ ④ ⑤ / 혼자서 읽기 ① ② ③ ④ ⑤

6 Your nose is running.

따라 읽기 ① ② ③ ④ ⑤ / 혼자서 읽기 ① ② ③ ④ ⑤

7 The rumor runs that our teacher will leave school.

따라 읽기 ① ② ③ ④ ⑤ / 혼자서 읽기 ① ② ③ ④ ⑤

8 The movie runs for two hours.

따라 읽기 ① ② ③ ④ ⑤ / 혼자서 읽기 ① ② ③ ④ ⑤

9 She's running a temperature.

따라 읽기 ① ② ③ ④ ⑤ / 혼자서 읽기 ① ② ③ ④ ⑤

10 Fatness tends to run in families.

따라 읽기 ① ② ③ ④ ⑤ / 혼자서 읽기 ① ② ③ ④ ⑤

영어로 말해 봅시다.

왼쪽 페이지를 가리고 영어로 말해 봅시다.

① 버스를 타려면 뛰어야 해요.

----

② 터미널 간에는 무료 셔틀 버스가 운행됩니다.

----

③ 서울로 가는 버스는 30분마다 운행됩니다.

----

④ 그는 작은 식당을 운영하고 있어요.

----

⑤ 엔진은 어떻게 작동합니까?

----

⑥ 네 코에서 콧물이 흘러.

----

⑦ 우리 선생님이 학교를 떠난다는 소문이 돌고 있어요.

----

⑧ 그 영화는 두 시간 동안 상영됩니다.

----

⑨ 그녀는 열이 있어요.

----

⑩ 비만은 집안 내력인 경향이 있습니다.

UNIT 16

영어 실력을
업그레이드 해 줄
기본동사

LOSE

LOSE
① ~을 잃어버리다

minimal English

MP3 듣기

lose의 기본 의미는 '~을 잃어버리다'입니다. 지갑이나 열쇠와 같은 사물이 등장할 수도 있고, lose my job(직업을 잃다)이나, lose weight(살을 빼다)처럼 추상적인 개념이 등장하기도 합니다.

> **STEP 1** 문장으로 익히기

10번씩 반복해서 큰 소리로 읽어보며 내 것으로 만듭니다.

❶ I lost my job last month.
지난달에 실직했어요.

❷ I've lost my wallet.
지갑을 잃어버렸어요.

❸ I have to lose weight.
살을 빼야 해요.

❹ Are you trying to lose weight?
살을 빼려고 노력하고 있나요?

❺ How did you lose your keys?
어떻게 열쇠를 잃어버렸어요?

❻ How much did you lose?
얼마를 잃었나요?

❼ I don't remember where I lost my passport.
여권을 어디서 잃어버렸는지 기억이 안 나요.

학습한 문장을 활용해 실전 대화 연습을 해 봅시다.

A Why are you so down?

왜 그렇게 시무룩해 있어?

B I've lost my wallet.

지갑을 잃어버렸어요.

~~~~~~

A Where did you lose your passport?

여권을 어디서 잃어버렸어요?

B I don't remember where I lost my passport.

여권을 어디서 잃어버렸는지 기억이 안 나요.

STEP 3 1초 안에 영어로 말해 보기

1초 안에 영어로 나오지 않는다면 1번에서 다시 연습합니다.

❶ 지난달에 실직했어요.

❷ 지갑을 잃어버렸어요.

❸ 살을 빼야 해요.

❹ 살을 빼려고 노력하고 있나요?

❺ 어떻게 열쇠를 잃어버렸어요?

❻ 얼마를 잃었나요?

❼ 여권을 어디서 잃어버렸는지 기억이 안 나요.

DAY 077

LOSE

① (경기, 선거 등에서) 지다

MP3 듣기

lose 뒤에 경기나 선거 등이 오면 '경기를 잃다' 즉 '경기에서 지다'라는 의미가 됩니다. lose a game(경기에서 지다), lose an election (선거에서 지다) 등 자주 사용하는 표현들을 외워 주세요.

> ## STEP 1 문장으로 익히기

10번씩 반복해서 큰 소리로 읽어보며 내 것으로 만듭니다.

❶ I don't want to lose a game.
경기에서 지고 싶지 않아요.

❷ Have you lost a game before?
전에 경기에서 진 적이 있나요?

❸ This is why she lost an election.
이것이 그녀가 선거에서 패배한 이유이다.

❹ I've never lost a game.
저는 한 번도 경기에서 진 적이 없어요.

❺ He has never lost an election.
그는 선거에서 진 적이 없습니다.

❻ Did you lose a bet?
내기에서 졌나요?

❼ I lost a bet with my friend.
친구와 내기에서 졌어요.

학습한 문장을 활용해 실전 대화 연습을 해 봅시다.

A I don't want to lose a game.

게임에서 지고 싶지 않아요.

B I think you are highly competitive.

당신은 정말 승부욕이 강한 것 같아요.

~~~~~~

A Do you think that he can win the election?

그가 선거에서 이길 수 있다고 생각하시나요?

B Of course. He has never lost an election.

물론이죠. 그는 선거에서 진 적이 없습니다.

STEP 3 1초 안에 영어로 말해 보기

1초 안에 영어로 나오지 않는다면 1번에서 다시 연습합니다.

1 경기에서 지고 싶지 않아요.

2 전에 경기에서 진 적이 있나요?

3 이것이 그녀가 선거에서 패배한 이유이다.

4 저는 한 번도 경기에서 진 적이 없어요.

5 그는 선거에서 진 적이 없습니다.

6 내기에서 졌나요?

7 친구와 내기에서 졌어요.

DAY 078

LOSE
① (이성, 식욕 등을) 잃다

MP3 듣기

lose 뒤에 이성, 식욕 등의 명사가 오면 '(이성, 식욕 등을)잃다'라는 의미가 됩니다. lose temper(이성을 잃다, 화내다), lose appetite (식욕을 잃다) 등 자주 사용하는 표현들을 외워 주세요.

> ### STEP 1 문장으로 익히기

10번씩 반복해서 큰 소리로 읽어보며 내 것으로 만듭니다.

❶ Never lose your cool.
절대 냉정함을 잃지 마세요.

❷ I've never seen you lose your temper.
저는 당신이 화내는 것을 본 적이 없어요.

❸ I've lost my sense of taste.
미각을 잃었어요.

❹ Have you completely lost your mind?
너 완전 정신 나간 거 아니야?

❺ I lost my self-control.
자제력을 잃었어요.

❻ I've lost my appetite completely.
입맛이 완전히 떨어졌어요.

❼ I lost my appetite after hearing the news.
그 소식을 듣고 입맛이 없어졌어요.

STEP 2 실전 대화에서 연습하기

학습한 문장을 활용해 실전 대화 연습을 해 봅시다.

🅐 I lost all my money on the stock market.
주식으로 돈을 다 날렸어.

🅑 Have you completely lost your mind?
너 완전 정신 나간 거 아니야?

🅐 I've never seen you lose your temper.
저는 당신이 화내는 것을 본 적이 없어요.

🅑 It's no use getting angry.
화내도 소용없잖아.

temper는 걸핏하면 화를 내는 성질이란 뜻으로 lose one's temper는 '이성을 잃다', '화내다'라는 의미입니다.

STEP 3 1초 안에 영어로 말해 보기

1초 안에 영어로 나오지 않는다면 1번에서 다시 연습합니다.

❶ 절대 냉정함을 잃지 마세요.

❷ 저는 당신이 화내는 것을 본 적이 없어요.

❸ 미각을 잃었어요.

❹ 너 완전 정신 나간 거 아니야?

❺ 자제력을 잃었어요.

❻ 입맛이 완전히 떨어졌어요.

❼ 그 소식을 듣고 입맛이 없어졌어요.

Review

MP3 듣기

그동안 배운 표현을 다시 한번 크게 5번 따라 읽어 본 후, 혼자서 크게 5번 읽어 봅시다.

1 I lost my job last month.

따라 읽기 ① ② ③ ④ ⑤ / 혼자서 읽기 ① ② ③ ④ ⑤

2 I've lost my wallet..

따라 읽기 ① ② ③ ④ ⑤ / 혼자서 읽기 ① ② ③ ④ ⑤

3 I have to lose weight.

따라 읽기 ① ② ③ ④ ⑤ / 혼자서 읽기 ① ② ③ ④ ⑤

4 I don't want to lose a game.

따라 읽기 ① ② ③ ④ ⑤ / 혼자서 읽기 ① ② ③ ④ ⑤

5 This is why she lost an election.

따라 읽기 ① ② ③ ④ ⑤ / 혼자서 읽기 ① ② ③ ④ ⑤

6 Did you lose a bet?

따라 읽기 ① ② ③ ④ ⑤ / 혼자서 읽기 ① ② ③ ④ ⑤

7 Never lose your cool.

따라 읽기 ① ② ③ ④ ⑤ / 혼자서 읽기 ① ② ③ ④ ⑤

8 I've never seen you lose your temper.

따라 읽기 ① ② ③ ④ ⑤ / 혼자서 읽기 ① ② ③ ④ ⑤

9 Have you completely lost your mind?

따라 읽기 ① ② ③ ④ ⑤ / 혼자서 읽기 ① ② ③ ④ ⑤

10 I've lost my appetite completely.

따라 읽기 ① ② ③ ④ ⑤ / 혼자서 읽기 ① ② ③ ④ ⑤

영어로 말해 봅시다.

왼쪽 페이지를 가리고 영어로 말해 봅시다.

1 지난달에 실직했어요.

----

2 지갑을 잃어버렸어요.

----

3 살을 빼야 해요.

----

4 경기에서 지고 싶지 않아요.

----

5 이것이 그녀가 선거에서 패배한 이유이다.

----

6 내기에서 졌나요?

----

7 절대 냉정함을 잃지 마세요.

----

8 저는 당신이 화내는 것을 본 적이 없어요.

----

9 너 완전 정신 나간 거 아니야?

----

10 입맛이 완전히 떨어졌어요.

UNIT 17

영어 실력을
업그레이드 해 줄
기본동사

WORK

DAY 079

WORK
① 일하다

MP3 듣기

동사 work의 기본 의미는 '일하다'입니다. 어느 회사에서 일한다거나, 파트타임으로 일한다고 말할 때 사용할 수 있습니다. '~에서 일하다'라고 말할 때는 〈work for + 회사명〉, 〈work at + 일하는 곳〉과 같이 뒤에 전치사와 일하는 장소나 회사명을 붙여 주시면 됩니다.

> ## STEP 1 문장으로 익히기

10번씩 반복해서 큰 소리로 읽어보며 내 것으로 만듭니다.

❶ He works hard.
그는 열심히 일합니다.

❷ Do you work here?
여기서 일하세요?

❸ How long did you work in Seoul?
서울에서 얼마나 오래 일했나요?

❹ I work at the police station.
저는 경찰서에서 일합니다.

❺ Where do you work?
어디에서 근무하시죠?

❻ I used to work at a bank.
저는 은행에서 일했었어요.

❼ James works for Samsung Engineering.
제임스는 삼성 엔지니어링에서 일한다.

STEP 2 실전 대화에서 연습하기

학습한 문장을 활용해 실전 대화 연습을 해 봅시다.

A Where do you work?
어디에서 근무하시죠?

B I work for a trading company.
저는 어떤 무역 회사에서 일해요.

A How long did you work in Seoul?
서울에서 얼마나 오래 일했나요?

B I worked in Seoul for two years.
저는 서울에서 2년 동안 일했습니다.

STEP 3 1초 안에 영어로 말해 보기

1초 안에 영어로 나오지 않는다면 1번에서 다시 연습합니다.

❶ 그는 열심히 일합니다.

❷ 여기서 일하세요?

❸ 서울에서 얼마나 오래 일했나요?

❹ 저는 경찰서에서 일합니다.

❺ 어디에서 근무하시죠?

❻ 저는 은행에서 일했었어요.

❼ 제임스는 삼성 엔지니어링에서 일한다.

WORK
① 작동하다
② 효과가 있다

MP3 듣기

동사 work는 '작동하다'라는 의미로도 사용될 수 있습니다. 이 경우에는 주로 주어 자리에 '사물'이 옵니다. 잘 작동한다는 것은 '효과가 있다, 도움이 된다'라는 의미로도 확장되어 사용할 수 있습니다.

 > **STEP 1** 문장으로 익히기

10번씩 반복해서 큰 소리로 읽어보며 내 것으로 만듭니다.

❶ **It works.**
효과가 있습니다.

❷ **Does it work?**
그거 작동하나요?

❸ **This medicine works.**
이 약은 효과가 있어요.

❹ **I'm glad it worked.**
효과가 있어서 다행이에요.

❺ **Show me how it works.**
어떻게 작동하는지 보여 주세요.

❻ **My cellphone's not working.**
핸드폰이 고장났어요.

❼ **I have no idea how it works.**
어떻게 작동하는지 전혀 모르겠어요.

학습한 문장을 활용해 실전 대화 연습을 해 봅시다.

A My cellphone's not working.

핸드폰이 고장났어요.

B You should buy a new one.

새 걸로 사는 게 좋겠네요.

~~~~~~~~~~~~~~~~~~~~~~~~~~~~~~~~~~~~

A I'm feeling better. This medicine works.

몸이 좀 나아졌어요. 이 약은 효과가 있어요.

B I'm glad it worked.

효과가 있어서 다행이에요.

1초 안에 영어로 나오지 않는다면 1번에서 다시 연습합니다.

❶ 효과가 있습니다.

❷ 그거 작동하나요?

❸ 이 약은 효과가 있어요.

❹ 효과가 있어서 다행이에요.

❺ 어떻게 작동하는지 보여 주세요.

❻ 핸드폰이 고장났어요.

❼ 어떻게 작동하는지 전혀 모르겠어요.

DAY 081

WORK OUT
① 잘 해결하다
② 운동하다

MP3 듣기

work out은 '잘 해결하다, 운동하다'라는 의미가 있습니다. exercise는 걷거나 뛰는 등 모든 운동에 사용할 수 있는데요. 헬스장에서 몸을 만들기 위해 하는 운동에는 work out이 더 자연스러운 표현입니다.

STEP 1 문장으로 익히기

10번씩 반복해서 큰 소리로 읽어보며 내 것으로 만듭니다.

❶ I hope it works out.
잘 됐으면 좋겠어요.

❷ It won't work out.
잘 안 될 거예요.

❸ The plan will work out.
그 계획은 잘 풀릴 거예요.

❹ I'm just glad it all worked out.
모든 일이 잘 풀려서 다행이에요.

❺ Do you work out?
운동하세요?

❻ I work out at the gym every day.
저는 매일 헬스장에서 운동을 합니다.

❼ He works out at the gym once a week.
그는 일주일에 한 번 헬스장에서 운동을 해요.

STEP 2 실전 대화에서 연습하기

학습한 문장을 활용해 실전 대화 연습을 해 봅시다.

A I'm going to start a new job.
전 새로운 일을 시작할 거예요.

B I hope it works out.
잘 됐으면 좋겠어요.

~~~~~~

A How often do you work out?
얼마나 자주 운동을 하세요?

B I work out at the gym every day.
저는 매일 헬스장에서 운동을 합니다.

STEP 3 1초 안에 영어로 말해 보기

1초 안에 영어로 나오지 않는다면 1번에서 다시 연습합니다.

❶ 잘 됐으면 좋겠어요.

❷ 잘 안 될 거예요.

❸ 그 계획은 잘 풀릴 거예요.

❹ 모든 일이 잘 풀려서 다행이에요.

❺ 운동하세요?

❻ 저는 매일 헬스장에서 운동을 합니다.

❼ 그는 일주일에 한 번 헬스장에서 운동을 해요.

Review

MP3 듣기

그동안 배운 표현을 다시 한번 크게 5번 따라 읽어 본 후, 혼자서 크게 5번 읽어 봅시다.

❶ Do you work here?

> 따라 읽기 ① ② ③ ④ ⑤ / 혼자서 읽기 ① ② ③ ④ ⑤

❷ I work at the police station.

> 따라 읽기 ① ② ③ ④ ⑤ / 혼자서 읽기 ① ② ③ ④ ⑤

❸ Where do you work?

> 따라 읽기 ① ② ③ ④ ⑤ / 혼자서 읽기 ① ② ③ ④ ⑤

❹ This medicine works.

> 따라 읽기 ① ② ③ ④ ⑤ / 혼자서 읽기 ① ② ③ ④ ⑤

❺ Show me how it works.

> 따라 읽기 ① ② ③ ④ ⑤ / 혼자서 읽기 ① ② ③ ④ ⑤

❻ My cellphone's not working.

> 따라 읽기 ① ② ③ ④ ⑤ / 혼자서 읽기 ① ② ③ ④ ⑤

❼ I hope it works out.

> 따라 읽기 ① ② ③ ④ ⑤ / 혼자서 읽기 ① ② ③ ④ ⑤

❽ Do you work out?

> 따라 읽기 ① ② ③ ④ ⑤ / 혼자서 읽기 ① ② ③ ④ ⑤

❾ I work out at the gym every day.

> 따라 읽기 ① ② ③ ④ ⑤ / 혼자서 읽기 ① ② ③ ④ ⑤

❿ The plan will work out.

> 따라 읽기 ① ② ③ ④ ⑤ / 혼자서 읽기 ① ② ③ ④ ⑤

영어로 말해 봅시다.

왼쪽 페이지를 가리고 영어로 말해 봅시다.

1 여기서 일하세요?

----

2 저는 경찰서에서 일합니다.

----

3 어디에서 근무하시죠?

----

4 이 약은 효과가 있어요.

----

5 어떻게 작동하는지 보여 주세요.

----

6 핸드폰이 고장났어요.

----

7 잘 됐으면 좋겠어요.

----

8 운동하세요?

----

9 저는 매일 헬스장에서 운동을 합니다.

----

10 그 계획은 잘 풀릴 거예요.

영어 실력을
업그레이드 해 줄
기본동사

CALL,
COME

He is
called
the king
of golf.

DAY 082
CALL
① 부르다

MP3 듣기

동사 call의 기본 의미는 '부르다'입니다. 소리쳐서 누군가를 부르거나 택시를 부르는 모든 행위가 여기에 포함됩니다. call 뒤에 부르는 대상과 이름이 순서대로 나오면 '~를 ~라고 부르다'의 의미가 됩니다. 보통 이름이나 별명을 얘기할 때 많이 사용됩니다.

> **STEP 1** 문장으로 익히기

10번씩 반복해서 큰 소리로 읽어보며 내 것으로 만듭니다.

❶ Let's call a taxi.
택시를 부르자.

❷ Can you call a taxi for me?
택시를 불러 주시겠습니까?

❸ What do you call this in English?
이것을 영어로 뭐라고 하죠?

❹ Don't call me that.
나를 그렇게 부르지 마.

❺ Please call a doctor.
의사를 불러 주세요.

❻ He is called the king of golf.
그는 골프의 황제로 불린다.

❼ I'd like to be called James.
제임스라고 불러 주세요.

학습한 문장을 활용해 실전 대화 연습을 해 봅시다.

A What do you call this in English?
이것을 영어로 뭐라고 하죠?

B We call this the playground.
우리는 이것을 playground(놀이터)라고 불러요.

〰〰〰〰〰〰〰〰〰〰〰〰〰〰〰〰〰〰〰

A What do you want to be called?
뭐라고 부르면 좋을까요?

B I'd like to be called James.
제임스라고 불러 주세요.

1초 안에 영어로 나오지 않는다면 1번에서 다시 연습합니다.

❶ 택시를 부르자.

❷ 택시를 불러 주시겠습니까?

❸ 이것을 영어로 뭐라고 하죠?

❹ 나를 그렇게 부르지 마.

❺ 의사를 불러 주세요.

❻ 그는 골프의 황제로 불린다.

❼ 제임스라고 불러 주세요.

DAY 083

CALL
① 전화하다

MP3 듣기

동사 call은 '전화하다'라는 의미가 있습니다. 기존의 '부르다'라는 의미와 결합하면 '전화로 부르다'라는 뜻이 됩니다. '내가 다시 call back할게!'라고 말할 때 call back은 다시 전화해 준다는 말입니다.

STEP 1 문장으로 익히기

10번씩 반복해서 큰 소리로 읽어보며 내 것으로 만듭니다.

❶ Call me anytime.
언제든지 전화해.

❷ I'll call you back.
내가 다시 전화할게.

❸ Can I call you later?
나중에 전화해도 될까?

❹ Why didn't you call me yesterday?
어제 왜 전화 안 했어?

❺ Don't forget to call me.
잊지 말고 전화해.

❻ Don't ever call me again.
다시는 나한테 전화하지 마.

❼ You called the wrong number.
전화를 잘못 거셨어요.

학습한 문장을 활용해 실전 대화 연습을 해 봅시다.

A **Why didn't you call me yesterday?**
어제 왜 전화 안 했어?

B **I was busy yesterday.**
어제는 바빴어.

～～～～～～～～～～～～～～～～～～～

A **Can I call you later?**
나중에 전화해도 될까?

B **Call me anytime.**
언제든지 전화해.

1초 안에 영어로 나오지 않는다면 1번에서 다시 연습합니다.

❶ 언제든지 전화해.

❷ 내가 다시 전화할게.

❸ 나중에 전화해도 될까?

❹ 어제 왜 전화 안 했어?

❺ 잊지 말고 전화해.

❻ 다시는 나한테 전화하지 마.

❼ 전화를 잘못 거셨어요.

DAY 084

COME
① 오다/다가오다
② (상대방을 향해) 가다

MP3 듣기

동사 come의 기본 의미는 '오다'입니다. 말하는 사람 쪽으로 이동한다는 느낌이 있습니다. 문맥에 따라 듣는 사람에게 가까이 다가간다고도 할 수 있습니다. 이때는 '(상대방을 향해) 가다'라는 의미가 됩니다.

> **STEP 1** 문장으로 익히기

10번씩 반복해서 큰 소리로 읽어보며 내 것으로 만듭니다.

❶ I come from Korea.
저는 한국에서 왔습니다.

❷ The bus is coming.
버스가 오고 있어요.

❸ Where did you come from?
어디 출신인가요?

❹ I came here by bus.
버스를 타고 왔습니다.

❺ Come with me. I know how to get there.
저와 함께 가요. 거기에 어떻게 가는지 알아요.

❻ Summer vacation has finally come.
드디어 여름방학이 왔습니다.

❼ Would you like to come with me?
저와 함께 가시겠습니까?

학습한 문장을 활용해 실전 대화 연습을 해 봅시다.

A Where did you come from?
어디 출신인가요?

B I come from Korea.
저는 한국에서 왔습니다.

A Do you know how to get there?
거기 어떻게 가는지 아세요?

B Come with me. I know how to get there.
저와 함께 가요. 거기에 어떻게 가는지 알아요.

1초 안에 영어로 나오지 않는다면 1번에서 다시 연습합니다.

❶ 저는 한국에서 왔습니다.

❷ 버스가 오고 있어요.

❸ 어디 출신인가요?

❹ 버스를 타고 왔습니다.

❺ 저와 함께 가요. 거기에 어떻게 가는지 알아요.

❻ 드디어 여름방학이 왔습니다.

❼ 저와 함께 가시겠습니까?

DAY 085

COME
① ~한 상태가 되다

MP3 듣기

동사 come은 어떤 상태에 가까워지다, 즉 '~상태가 되다'라는 의미로도 사용이 됩니다. come 뒤에 alive(살아있는), true(사실인) 등 형용사가 나올 수 있습니다. come alive는 살아있는 상태에 가까워지니까 '활기를 띠다'라는 의미가 됩니다.

> ## STEP 1 문장으로 익히기

10번씩 반복해서 큰 소리로 읽어보며 내 것으로 만듭니다.

❶ Dreams come true.
꿈은 이루어진다.

❷ My dream will come true someday.
내 꿈은 언젠가 실현될 거예요.

❸ You lied to me. Come clean!
너 나한테 거짓말했잖아. 털어놔요!

❹ You have to come clean.
솔직하게 털어놔야 해요.

❺ The streets come alive after dark.
그 거리는 어두워진 후에 활기를 띠게 됩니다.

❻ The memory came alive again.
기억이 되살아났습니다.

❼ Success doesn't come easy.
성공은 쉽지 않습니다.

STEP 2 실전 대화에서 연습하기

학습한 문장을 활용해 실전 대화 연습을 해 봅시다.

A You lied to me. Come clean!

너 나한테 거짓말했잖아. 털어놔요!

B I've never lied in my life.

난 살면서 한 번도 거짓말을 한 적이 없어.

come clean은 '털어놓다'라는 의미의 관용표현입니다.

A I'm afraid I'll fail again.

또 실패할까 봐 걱정이야.

B Success doesn't come easy.

성공은 쉽지 않지.

STEP 3 1초 안에 영어로 말해 보기

1초 안에 영어로 나오지 않는다면 1번에서 다시 연습합니다.

① 꿈은 이루어진다.

② 내 꿈은 언젠가 실현될 거예요.

③ 너 나한테 거짓말했잖아. 털어놔요!

④ 솔직하게 털어놔야 해요.

⑤ 그 거리는 어두워진 후에 활기를 띠게 됩니다.

⑥ 기억이 되살아났습니다.

⑦ 성공은 쉽지 않습니다.

Review

MP3 듣기

그동안 배운 표현을 다시 한번 크게 5번 따라 읽어 본 후, 혼자서 크게 5번 읽어 봅시다.

① Can you call a taxi for me?

따라 읽기 ① ② ③ ④ ⑤ / 혼자서 읽기 ① ② ③ ④ ⑤

② What do you call this in English?

따라 읽기 ① ② ③ ④ ⑤ / 혼자서 읽기 ① ② ③ ④ ⑤

③ Please call a doctor.

따라 읽기 ① ② ③ ④ ⑤ / 혼자서 읽기 ① ② ③ ④ ⑤

④ Call me anytime.

따라 읽기 ① ② ③ ④ ⑤ / 혼자서 읽기 ① ② ③ ④ ⑤

⑤ You called the wrong number.

따라 읽기 ① ② ③ ④ ⑤ / 혼자서 읽기 ① ② ③ ④ ⑤

⑥ I come from Korea.

따라 읽기 ① ② ③ ④ ⑤ / 혼자서 읽기 ① ② ③ ④ ⑤

⑦ The bus is coming.

따라 읽기 ① ② ③ ④ ⑤ / 혼자서 읽기 ① ② ③ ④ ⑤

⑧ Summer vacation has finally come.

따라 읽기 ① ② ③ ④ ⑤ / 혼자서 읽기 ① ② ③ ④ ⑤

⑨ Would you like to come with me?

따라 읽기 ① ② ③ ④ ⑤ / 혼자서 읽기 ① ② ③ ④ ⑤

⑩ You lied to me. Come clean!

따라 읽기 ① ② ③ ④ ⑤ / 혼자서 읽기 ① ② ③ ④ ⑤

왼쪽 페이지를 가리고 영어로 말해 봅시다.

① 택시를 불러 주시겠습니까?

_____

② 이것을 영어로 뭐라고 하죠?

_____

③ 의사를 불러 주세요.

_____

④ 언제든지 전화해.

_____

⑤ 전화를 잘못 거셨어요.

_____

⑥ 저는 한국에서 왔습니다.

_____

⑦ 버스가 오고 있어요.

_____

⑧ 드디어 여름방학이 왔습니다.

_____

⑨ 저와 함께 가시겠습니까?

_____

⑩ 너 나한테 거짓말했잖아. 털어놔요!

_____

19

영어 실력을
업그레이드 해 줄
기본동사

TURN,
ASK,
PAY

Please turn
your head
and
cough.

DAY 086

TURN

① 돌다
② 돌리다
③ 방향을 바꾸다

MP3 듣기

turn의 기본 의미는 '돌다, 돌리다'입니다. 둥글게 돌아가는 이미지를 상상해 주시면 됩니다. 가령 열쇠를 돌리거나 지구가 태양 주위를 도는 것 모두 turn을 활용해서 말할 수 있습니다. 또한 길 안내를 할 때 '방향을 바꾸다'라는 의미로도 활용이 됩니다.

> ## STEP 1 문장으로 익히기

10번씩 반복해서 큰 소리로 읽어보며 내 것으로 만듭니다.

❶ The earth turns around the sun.
지구는 태양 주위를 돌아요.

❷ Please turn your head and cough.
고개를 돌려 기침을 해 주세요.

❸ Can I turn the channel?
채널을 돌려도 되나요?

❹ Please turn the channel to MBC.
MBC로 채널을 돌려 주세요.

❺ Turn left at the traffic lights.
저 신호등에서 좌회전하세요.

❻ Go straight and turn right at the first corner.
곧장 가셔서 첫 번째 모퉁이에서 우회전하세요.

❼ Turn the steering wheel to the right.
핸들을 오른쪽으로 돌리세요.

학습한 문장을 활용해 실전 대화 연습을 해 봅시다.

A   Please turn your head and cough.
고개를 돌려 기침을 해 주세요.

B   I'm sorry. I'll be careful.
미안해요. 조심할게요.

A   Where is the department store?
백화점은 어디에 있어요?

B   Go straight and turn right at the first corner.
곧장 가셔서 첫 번째 모퉁이에서 우회전하세요.

1초 안에 영어로 나오지 않는다면 1번에서 다시 연습합니다.

❶ 지구는 태양 주위를 돌아요.

❷ 고개를 돌려 기침을 해 주세요.

❸ 채널을 돌려도 되나요?

❹ MBC로 채널을 돌려 주세요.

❺ 저 신호등에서 좌회전하세요.

❻ 곧장 가셔서 첫 번째 모퉁이에서 우회전하세요.

❼ 핸들을 오른쪽으로 돌리세요.

DAY 087

TURN
① (상태가) 변화하다

MP3 듣기

turn의 두 번째 의미는 '변화하다'입니다. 빙글빙글 돌면서 변화하는 그림을 그려 주시면 됩니다. 뒤에는 보통 형용사 표현이 등장합니다. 예를 들어서 turn red라고 하면 '빨간색으로 변하다'라는 말이 됩니다.

> **STEP 1** 문장으로 익히기

10번씩 반복해서 큰 소리로 읽어보며 내 것으로 만듭니다.

❶ The milk turned sour.
우유가 상했어요.

❷ I didn't notice the light turn red.
신호가 빨간색으로 바뀌는지 몰랐어요.

❸ The traffic light turned green.
신호등이 녹색으로 바뀌었어요.

❹ I will retire as soon as I turn sixty.
저는 60세가 되면 바로 은퇴할 거예요.

❺ She turned pale at the news.
그녀는 그 소식을 듣고 얼굴이 창백해졌어요.

❻ The leaves are turning red.
나뭇잎이 빨갛게 물들고 있어요.

❼ He has just turned 35.
그는 이제 막 35살이 되었습니다.

학습한 문장을 활용해 실전 대화 연습을 해 봅시다.

A When are you going to retire?
언제 은퇴하실 건가요?

B I will retire as soon as I turn sixty.
저는 60세가 되면 바로 은퇴할 거예요.

~~~~~~

A How old is James now?
제임스는 지금 몇살이에요?

B He has just turned 35.
그는 이제 막 35살이 되었습니다.

1초 안에 영어로 나오지 않는다면 1번에서 다시 연습합니다.

❶ 우유가 상했어요.

❷ 신호가 빨간색으로 바뀌는지 몰랐어요.

❸ 신호등이 녹색으로 바뀌었어요.

❹ 저는 60세가 되면 바로 은퇴할 거예요.

❺ 그녀는 그 소식을 듣고 얼굴이 창백해졌어요.

❻ 나뭇잎이 빨갛게 물들고 있어요.

❼ 그는 이제 막 35살이 되었습니다.

DAY 088

ASK
① 묻다
② ~에게 ~을 물어보다

MP3 듣기

ask의 기본 의미는 '묻다, 질문하다'입니다. 〈ask + 목적어〉 형태로 무엇을 물어보는지 말해주면 됩니다. 〈ask + 사람 + 사물〉의 형태가 되면 '~에게 ~을 물어보다'라는 의미가 됩니다.

> (STEP 1) 문장으로 익히기

10번씩 반복해서 큰 소리로 읽어보며 내 것으로 만듭니다.

❶ May I ask your name?
성함을 여쭤봐도 될까요?

❷ Can I ask your phone number?
전화번호 물어봐도 될까요?

❸ Why don't you ask your friend?
친구에게 물어보지 그래요?

❹ Can I ask you a favor?
부탁 하나 해도 될까요?

❺ Can I ask you a question?
질문 하나 해도 될까요?

❻ Can I just ask you something?
뭐 좀 물어봐도 될까요?

❼ I was about to ask you the same thing.
저도 똑같은 걸 물어보려던 참이었어요.

학습한 문장을 활용해 실전 대화 연습을 해 봅시다.

A Can I ask you a question?
질문 하나 해도 될까요?

B Feel free to ask questions if you don't understand.
이해가 안 되면 얼마든지 질문하세요.

~~~~~~

A What are you doing tonight?
오늘 밤에 뭐 할 거예요?

B I was about to ask you the same thing.
저도 똑같은 걸 물어보려던 참이었어요.

1초 안에 영어로 나오지 않는다면 1번에서 다시 연습합니다.

① 성함을 여쭤봐도 될까요?

② 전화번호 물어봐도 될까요?

③ 친구에게 물어보지 그래요?

④ 부탁 하나 해도 될까요?

⑤ 질문 하나 해도 될까요?

⑥ 뭐 좀 물어봐도 될까요?

⑦ 저도 똑같은 걸 물어보려던 참이었어요.

DAY 089

ASK FOR

① 요청하다
② 부탁하다

MP3 듣기

무엇을 부탁하거나 요청할 때는 〈ask for + 명사〉 형태를 사용해 주시면 됩니다. ask for help(도움을 요청하다), ask for advice(조언을 구하다) 등 자주 사용하는 표현들을 함께 외워 주세요.

> **STEP 1   문장으로 익히기**

10번씩 반복해서 큰 소리로 읽어보며 내 것으로 만듭니다.

❶ Don't be afraid to ask for help.
도움을 청하는 것을 두려워하지 마세요.

❷ Why didn't you ask for help?
왜 도움을 청하지 않았죠?

❸ I'm afraid to ask for help.
도움을 청하기가 두려워요.

❹ Have you ever asked for a raise?
급여 인상을 요구해 본 적이 있나요?

❺ I asked for a table over there.
저쪽에 자리를 달라고 했어요.

❻ He didn't ask for our opinions.
그는 우리의 의견을 묻지 않았습니다.

❼ Why don't we ask for his advice?
그에게 조언을 구하는 게 어때요?

학습한 문장을 활용해 실전 대화 연습을 해 봅시다.

A Why didn't you ask for help?

왜 도움을 청하지 않았죠?

B I'm afraid to ask for help.

전 도움을 청하기가 두려워요.

A Have you ever asked for a raise?

급여 인상을 요구해 본 적이 있나요?

B I asked for a raise but got turned down.

올려 달라고 했는데 거절당했어요.

1초 안에 영어로 나오지 않는다면 1번에서 다시 연습합니다.

❶ 도움을 청하는 것을 두려워하지 마세요.

❷ 왜 도움을 청하지 않았죠?

❸ 도움을 청하기가 두려워요.

❹ 급여 인상을 요구해 본 적이 있나요?

❺ 저쪽에 자리를 달라고 했어요.

❻ 그는 우리의 의견을 묻지 않았습니다.

❼ 그에게 조언을 구하는 게 어때요?

DAY 090

PAY
① 지불하다

MP3 듣기

동사 pay의 기본 의미는 '지불하다'입니다. 임대료나 벌금 등을 낸다고 할 때 사용할 수 있습니다. '~에 대한 비용을 지불하다'라고 말할 때 사용하는 pay for와 같은 표현도 함께 기억해주세요.

> **STEP 1** **문장으로 익히기**

10번씩 반복해서 큰 소리로 읽어보며 내 것으로 만듭니다.

❶ I pay the rent monthly.
저는 매달 집세를 내요.

❷ He couldn't even pay the rent.
그는 집세도 내지 못했어요.

❸ Do I have to pay a fine?
제가 꼭 벌금을 내야 하나요?

❹ Did you pay the taxes?
세금 냈어요?

❺ You can pay for it later.
나중에 계산하시면 됩니다.

❻ I'll pay for everything.
제가 다 계산할게요.

❼ I'll pay for dinner tomorrow night.
내일 저녁 식사는 제가 낼게요.

STEP 2 실전 대화에서 연습하기

학습한 문장을 활용해 실전 대화 연습을 해 봅시다.

A Do I have to pay now?
지금 계산해야 하나요?

B No. You can pay for it later.
아니에요. 나중에 계산하시면 됩니다.

~~~~~~

A Do you want to go for a cup of coffee?
커피 마시러 갈래요?

B I got paid today. I'll pay for everything.
오늘 월급 받았어요. 제가 다 계산할게요.

STEP 3 1초 안에 영어로 말해 보기

1초 안에 영어로 나오지 않는다면 1번에서 다시 연습합니다.

❶ 저는 매달 집세를 내요.

❷ 그는 집세도 내지 못했어요.

❸ 제가 꼭 벌금을 내야 하나요?

❹ 세금 냈어요?

❺ 나중에 계산하시면 됩니다.

❻ 제가 다 계산할게요.

❼ 내일 저녁 식사는 제가 낼게요.

MP3 듣기

그동안 배운 표현을 다시 한번 크게 5번 따라 읽어 본 후, 혼자서 크게 5번 읽어 봅시다.

1 Please turn your head and cough.

따라 읽기 ① ② ③ ④ ⑤ / 혼자서 읽기 ① ② ③ ④ ⑤

2 Turn left at the traffic lights.

따라 읽기 ① ② ③ ④ ⑤ / 혼자서 읽기 ① ② ③ ④ ⑤

3 The traffic light turned green.

따라 읽기 ① ② ③ ④ ⑤ / 혼자서 읽기 ① ② ③ ④ ⑤

4 He has just turned 35.

따라 읽기 ① ② ③ ④ ⑤ / 혼자서 읽기 ① ② ③ ④ ⑤

5 May I ask your name?

따라 읽기 ① ② ③ ④ ⑤ / 혼자서 읽기 ① ② ③ ④ ⑤

6 Can I ask you a favor?

따라 읽기 ① ② ③ ④ ⑤ / 혼자서 읽기 ① ② ③ ④ ⑤

7 Don't be afraid to ask for help.

따라 읽기 ① ② ③ ④ ⑤ / 혼자서 읽기 ① ② ③ ④ ⑤

8 Why don't we ask for his advice?

따라 읽기 ① ② ③ ④ ⑤ / 혼자서 읽기 ① ② ③ ④ ⑤

9 I pay the rent monthly.

따라 읽기 ① ② ③ ④ ⑤ / 혼자서 읽기 ① ② ③ ④ ⑤

10 You can pay for it later.

따라 읽기 ① ② ③ ④ ⑤ / 혼자서 읽기 ① ② ③ ④ ⑤

영어로 말해 봅시다.

왼쪽 페이지를 가리고 영어로 말해 봅시다.

1 고개를 돌려 기침을 해 주세요.

-----

2 저 신호등에서 좌회전하세요.

-----

3 신호등이 녹색으로 바뀌었어요.

-----

4 그는 이제 막 35살이 되었습니다.

-----

5 성함을 여쭤봐도 될까요?

-----

6 부탁 하나 해도 될까요?

-----

7 도움을 청하는 것을 두려워하지 마세요.

-----

8 그에게 조언을 구하는 게 어때요?

-----

9 저는 매달 집세를 내요.

-----

10 나중에 계산하시면 됩니다.

한국인들이 많이 헷갈리는 동사

What did you say?

DAY 091

SAY

① (~라고) 말하다

MP3 듣기

say의 기본 의미는 '말하다'입니다. 말하는 행동이 아니라 '말 자체에 대한 내용'을 나타냅니다. say와 tell은 비슷한 의미인데 가장 큰 차이점은 say는 뒤에 듣는 대상(사람)을 언급하지 않는다는 겁니다.

STEP 1 문장으로 익히기

10번씩 반복해서 큰 소리로 읽어보며 내 것으로 만듭니다.

❶ Say something.
뭐라고 말 좀 해봐.

❷ What did you say?
뭐라고 하셨죠?

❸ That's not what I said.
제가 한 말은 그게 아니에요.

❹ I don't know what to say.
무슨 말을 해야 할지 모르겠어요.

❺ I just wanted to say I'm sorry.
전 그냥 미안하다고 말하고 싶었어요.

❻ He said he might come tomorrow.
그가 내일 올지도 모른다고 했어요.

❼ You never said that to me.
당신은 나에게 그런 말을 한 적이 없어요.

STEP 2　실전 대화에서 연습하기

학습한 문장을 활용해 실전 대화 연습을 해 봅시다.

A Say something.
뭐라고 말 좀 해봐.

B I don't know what to say.
무슨 말을 해야 할지 모르겠어요.

~~~~~~

A How could you say that?
어떻게 그런 말을 할 수 있죠?

B That's not what I said.
제가 한 말은 그게 아니에요.

STEP 3　1초 안에 영어로 말해 보기

1초 안에 영어로 나오지 않는다면 1번에서 다시 연습합니다.

1 뭐라고 말 좀 해봐.

2 뭐라고 하셨죠?

3 제가 한 말은 그게 아니에요.

4 무슨 말을 해야 할지 모르겠어요.

5 전 그냥 미안하다고 말하고 싶었어요.

6 그가 내일 올지도 모른다고 했어요.

7 당신은 나에게 그런 말을 한 적이 없어요.

DAY 092

TELL
① (~에게) 말하다

MP3 듣기

tell의 기본 의미는 '말하다'입니다. 무언가 내용을 전달해주는 느낌에서 say와 비슷한 의미입니다. 차이점은 tell은 뒤에 사람 목적어가 등장하여 〈tell + 사람 + 말하는 내용〉 형태로 사용한다는 것입니다.

> **STEP 1** 문장으로 익히기

10번씩 반복해서 큰 소리로 읽어보며 내 것으로 만듭니다.

❶ Tell me you love me.
나를 사랑한다고 말해줘.

❷ Don't tell me what to do!
나한테 이래라 저래라 하지 마!

❸ I told you not to touch my things.
내 물건에 손대지 말라고 했잖아요.

❹ Don't worry, I won't tell anyone.
걱정마세요. 아무한테도 얘기하지 않을게요.

❺ You told me to wake you up.
나한테 깨워 달라고 했잖아요.

❻ Can you tell me about him?
그에 대해 말해줄 수 있나요?

❼ Can you tell me where the restaurant is?
식당이 어디에 있는지 말씀해 주시겠어요?

학습한 문장을 활용해 실전 대화 연습을 해 봅시다.

Ⓐ **Can you keep a secret?**
비밀 지킬 수 있어요?

Ⓑ **Don't worry, I won't tell anyone.**
걱정마세요. 아무한테도 얘기하지 않을게요.

~~~~~~~~~~~~~~~~~~~~~~~~~~~~~~~~~~~~~

Ⓐ **Can you tell me where the restaurant is?**
식당이 어디에 있는지 말씀해 주시겠어요?

Ⓑ **Go straight and turn left. It's on your left.**
쭉 가서 왼쪽으로 돌면 왼편에 있어요.

1초 안에 영어로 나오지 않는다면 1번에서 다시 연습합니다.

❶ 나를 사랑한다고 말해줘.

❷ 나한테 이래라 저래라 하지 마!

❸ 내 물건에 손대지 말라고 했잖아요.

❹ 걱정마세요. 아무한테도 얘기하지 않을게요.

❺ 나한테 깨워 달라고 했잖아요.

❻ 그에 대해 말해줄 수 있나요?

❼ 식당이 어디에 있는지 말씀해 주시겠어요?

DAY 093

TALK
① 말하다
② 이야기하다

MP3 듣기

talk의 기본 의미는 '말하다'입니다. 구체적으로 보면 '서로 말을 주고받는 행위'를 말합니다. 그래서 '이야기하다'라는 의미로도 사용할 수 있습니다. to(~에게), with(~와), about(~에 대해)등의 전치사와 함께 사용될 수 있습니다.

STEP 1 문장으로 익히기

10번씩 반복해서 큰 소리로 읽어보며 내 것으로 만듭니다.

❶ Stop talking and listen!
그만 말하고 들어봐요!

❷ I'll talk to you later.
나중에 얘기할게요.

❸ He talks a lot.
그는 말이 많아요.

❹ I don't want to talk about it.
그것에 대해 이야기하고 싶지 않아요.

❺ Can I talk with you for a minute?
잠깐 얘기 좀 할 수 있을까요?

❻ Let's talk about something else.
다른 얘기를 해보죠.

❼ I don't know what you're talking about.
네가 무슨 얘기를 하는 건지 모르겠어.

STEP 2 실전 대화에서 연습하기

학습한 문장을 활용해 실전 대화 연습을 해 봅시다.

🅐 Do you remember the time we went to Paris?
우리 파리에 갔을 때 기억나요?

🅑 I don't want to talk about it.
그것에 대해 이야기하고 싶지 않아요.

~~~~~~~~~~~~~~~~~~~~~~~~~~~~~~~~~~~~~~

🅐 Can I talk with you for a minute?
잠깐 얘기 좀 할 수 있을까요?

🅑 Please wait a moment.
잠시만 기다려주십시오.

STEP 3 1초 안에 영어로 말해 보기

1초 안에 영어로 나오지 않는다면 1번에서 다시 연습합니다.

❶ 그만 말하고 들어봐요!

❷ 나중에 얘기할게요.

❸ 그는 말이 많아요

❹ 그것에 대해 이야기하고 싶지 않아요.

❺ 잠깐 얘기 좀 할 수 있을까요?

❻ 다른 얘기를 해보죠.

❼ 네가 무슨 얘기를 하는 건지 모르겠어.

DAY 094

SPEAK
① 말하다

MP3 듣기

speak의 기본 의미는 '말하다'입니다. talk와 비슷한 의미라고 볼 수 있습니다. 하지만 speak는 한 쪽이 조금 더 일방적으로 말하는 뉘앙스로, '어떠한 언어를 말하다', '연설하다', '전화 통화하다' 등의 공식적이고 진지한 느낌으로 내용을 전달하는 경우에 많이 사용됩니다.

STEP 1 문장으로 익히기

10번씩 반복해서 큰 소리로 읽어보며 내 것으로 만듭니다.

❶ I can speak English.
저는 영어를 할 줄 알아요.

❷ Do you speak Spanish?
스페인어 할 줄 아세요?

❸ May I speak to James?
제임스랑 통화할 수 있을까요?

❹ Please speak more slowly.
좀 더 천천히 말씀해 주세요.

❺ I have to speak in front of many people.
저는 많은 사람들 앞에서 말을 해야 해요.

❻ How many languages can you speak?
몇 개의 언어를 할 수 있어요?

❼ I know a friend who can speak English.
전 영어를 할 줄 아는 친구를 알아요.

STEP 2 실전 대화에서 연습하기

학습한 문장을 활용해 실전 대화 연습을 해 봅시다.

Ⓐ May I speak to James?
제임스랑 통화할 수 있을까요?

Ⓑ He is out for lunch at the moment. May I take your message?
지금 점심 식사하러 외출 중입니다. 메시지를 남기시겠어요?

~~~~~~~~~~~~~~~~~~~~~~~~~~~~~~~~

Ⓐ Does anyone speak English?
영어 할 줄 아는 사람 있어요?

Ⓑ I know a friend who can speak English.
전 영어를 할 줄 아는 친구를 알아요.

STEP 3 1초 안에 영어로 말해 보기

1초 안에 영어로 나오지 않는다면 1번에서 다시 연습합니다.

❶ 저는 영어를 할 줄 알아요.

❷ 스페인어 할 줄 아세요?

❸ 제임스랑 통화할 수 있을까요?

❹ 좀 더 천천히 말씀해 주세요.

❺ 저는 많은 사람들 앞에서 말을 해야 해요.

❻ 몇 개의 언어를 할 수 있어요?

❼ 전 영어를 할 줄 아는 친구를 알아요.

DAY 095

SEE

① 보다
② 만나다
③ 사귀다

MP3 듣기

see의 기본 의미는 '보다'입니다. 조금 더 구체적으로 말하면 시야에 들어오는 것들을 눈을 이용해서 인지한다는 느낌이 있습니다. 크게 노력하지 않아도 자연스럽게 눈에 들어오는 것들을 보는 것입니다. 또한 누군가를 만나거나 사귄다고 할 때도 see를 사용할 수 있습니다.

> ## STEP 1 문장으로 익히기

10번씩 반복해서 큰 소리로 읽어보며 내 것으로 만듭니다.

❶ I saw the movie two years ago.
나는 2년 전에 그 영화를 봤어요.

❷ I saw the tears in her eyes.
나는 그녀의 눈에서 눈물을 보았어요.

❸ See you in the morning.
아침에 봐요.

❹ Why don't you go see a doctor?
병원에 가보는 게 어때요?

❺ I think I've seen you before.
전에 당신을 본 적이 있는 것 같아요.

❻ I'm so glad to see you.
당신을 만나서 정말 기뻐요.

❼ Are you seeing anyone?
만나는 사람 있어요?

STEP 2 실전 대화에서 연습하기

학습한 문장을 활용해 실전 대화 연습을 해 봅시다.

A I have a terrible stomachache.

배가 너무 아파요.

B Why don't you go see a doctor?

병원에 가보는 게 어때요?

~~~~~~~~~~~~~~~~~~~~~~~~~~~~~~

A Are you seeing anyone?

만나는 사람 있어요?

B I'm forever alone.

전 평생 솔로예요.

STEP 3 1초 안에 영어로 말해 보기

1초 안에 영어로 나오지 않는다면 1번에서 다시 연습합니다.

① 나는 2년 전에 그 영화를 봤어요.

② 나는 그녀의 눈에서 눈물을 보았어요.

③ 아침에 봐요.

④ 병원에 가보는 게 어때요?

⑤ 전에 당신을 본 적이 있는 것 같아요.

⑥ 당신을 만나서 정말 기뻐요.

⑦ 만나는 사람 있어요?

DAY 096

WATCH
① 보다
② 지켜보다

MP3 듣기

동사 watch는 '(무언가를 집중해서) 보다'라는 의미가 있습니다. see 가 크게 의식하지 않고 보는 거라면, watch는 무언가를 집중해서 지켜본다는 느낌이 있습니다. 그래서 TV나 영화 등을 본다고 할 때 자주 사용합니다.

> **STEP 1** 문장으로 익히기

10번씩 반복해서 큰 소리로 읽어보며 내 것으로 만듭니다.

❶ How often do you watch TV?
얼마나 자주 TV를 보세요?

❷ Don't watch TV for too long.
TV를 너무 오래 보지 마세요.

❸ I'm going to watch TV at home.
집에서 TV를 볼 거예요.

❹ We watched a baseball game.
우리는 야구 경기를 봤어요.

❺ I'm watching a baseball game on TV.
TV로 야구 경기를 보고 있어요.

❻ Can you watch my bags for a minute?
잠시만 제 가방 좀 봐 주시겠어요?

❼ You can watch it on Youtube.
유튜브에서 볼 수 있어요.

학습한 문장을 활용해 실전 대화 연습을 해 봅시다.

A How often do you watch TV?

얼마나 자주 TV를 보세요?

B I watch TV every night.

저는 매일 밤마다 TV를 봐요.

A What are you doing now?

지금 뭐하고 있어요?

B I'm watching a baseball game on TV.

TV로 야구 경기를 보고 있어요.

1초 안에 영어로 나오지 않는다면 1번에서 다시 연습합니다.

❶ 얼마나 자주 TV를 보세요?

❷ TV를 너무 오래 보지 마세요.

❸ 집에서 TV를 볼 거예요.

❹ 우리는 야구 경기를 봤어요.

❺ TV로 야구 경기를 보고 있어요.

❻ 잠시만 제 가방 좀 봐 주시겠어요?

❼ 유튜브에서 볼 수 있어요.

DAY 097

LEND

① 빌려주다

MP3 듣기

lend는 누구에게 '빌려주다'라는 의미입니다. lend 뒤에 누구에게 빌려주는지와 무엇을 빌려주는지를 순서대로 말해 주면 됩니다.

> ## STEP 1 문장으로 익히기

10번씩 반복해서 큰 소리로 읽어보며 내 것으로 만듭니다.

❶ Can you lend me some money?
돈 좀 빌려줄래요?

❷ Don't worry! I can lend you some money.
걱정하지 마! 내가 돈 좀 빌려줄 수 있어.

❸ I lent my friend some money.
친구에게 돈을 좀 빌려줬어요.

❹ Can you lend me a pen?
펜 좀 빌려줄래요?

❺ Here's the book you lent me.
여기 빌려주신 책이 있습니다.

❻ I can lend my car to you.
제 차를 빌려줄 수 있어요.

❼ I lent her my bicycle yesterday.
어제 그녀에게 내 자전거를 빌려줬어요.

STEP 2 실전 대화에서 연습하기

학습한 문장을 활용해 실전 대화 연습을 해 봅시다.

A I have no money to buy the book.
책을 살 돈이 없어요.

B Don't worry! I can lend you some money.
걱정하지 마! 내가 돈 좀 빌려줄 수 있어.

A Where is your bike?
네 자전거는 어디에 있어?

B I lent Jenny my bicycle yesterday.
어제 제니에게 내 자전거를 빌려줬어요.

STEP 3 1초 안에 영어로 말해 보기

1초 안에 영어로 나오지 않는다면 1번에서 다시 연습합니다.

❶ 돈 좀 빌려줄래요?

❷ 걱정하지 마! 내가 돈 좀 빌려줄 수 있어.

❸ 친구에게 돈을 좀 빌려줬어요.

❹ 펜 좀 빌려줄래요?

❺ 여기 빌려주신 책이 있습니다.

❻ 제 차를 빌려줄 수 있어요.

❼ 어제 그녀에게 내 자전거를 빌려줬어요.

DAY 098

BORROW

① 빌리다, 빌려 오다

MP3 듣기

lend가 '빌려주다'라면 borrow는 '빌리다, 빌려 오다'의 의미가 있습니다. 은행에서 돈을 빌리거나, 도서관에서 책을 대출한다고 할 때 사용할 수 있습니다. borrow와 lend는 모두 돈이나 물건을 '무상'으로 빌리거나 빌려줄 때 사용한다는 것도 같이 기억해주세요.

> **STEP 1** 문장으로 익히기

10번씩 반복해서 큰 소리로 읽어보며 내 것으로 만듭니다.

❶ Can I borrow your cell phone?
핸드폰 좀 빌릴 수 있을까요?

❷ May I borrow some money?
돈 좀 빌릴 수 있을까요?

❸ You can borrow my umbrella.
제 우산을 빌려도 괜찮아요.

❹ You can borrow that book at any time.
그 책은 언제든지 빌릴 수 있어요.

❺ How long can I borrow this book?
이 책을 얼마 동안 빌릴 수 있나요?

❻ How many books can I borrow at a time?
한 번에 몇 권의 책을 빌릴 수 있나요?

❼ I don't want to borrow money from friends.
친구들에게 돈을 빌리고 싶지 않아요.

학습한 문장을 활용해 실전 대화 연습을 해 봅시다.

Ⓐ **How long can I borrow this book?**
이 책을 얼마 동안 빌릴 수 있나요?

Ⓑ **You can borrow this book for a month.**
이 책은 한 달 동안 빌릴 수 있어요.

Ⓐ **Why don't you borrow money from your friends?**
친구들에게 돈을 빌리지 그래요?

Ⓑ **I don't want to borrow money from friends.**
친구들에게 돈을 빌리고 싶지 않아요.

1초 안에 영어로 나오지 않는다면 1번에서 다시 연습합니다.

❶ 핸드폰 좀 빌릴 수 있을까요?

❷ 돈 좀 빌릴 수 있을까요?

❸ 제 우산을 빌려도 괜찮아요.

❹ 그 책은 언제든지 빌릴 수 있어요.

❺ 이 책을 얼마 동안 빌릴 수 있나요?

❻ 한 번에 몇 권의 책을 빌릴 수 있나요?

❼ 친구들에게 돈을 빌리고 싶지 않아요.

DAY 099 PLAY

① 놀다
② (악기를) 연주하다
③ (스포츠를) 하다

MP3 듣기

play는 어린 아이들이 놀거나, 어린 아이들과 놀아줄 때 주로 사용하는 말입니다. 성인이 play with someone이라는 표현을 사용했다면 성적인 의미가 될 수도 있으니 주의해야 합니다. 또한 악기를 연주하거나 스포츠를 한다고 할 때도 play를 사용할 수 있습니다.

> **STEP 1 문장으로 익히기**

10번씩 반복해서 큰 소리로 읽어보며 내 것으로 만듭니다.

❶ I can't play the piano.
저는 피아노를 칠 수 없어요.

❷ I usually play tennis after school.
저는 방과 후에 보통 테니스를 칩니다.

❸ Let's play tennis tomorrow.
내일 테니스 치러 가요.

❹ How often do you play golf?
얼마나 자주 골프를 치세요?

❺ We played soccer after school.
우리는 방과 후에 축구를 했어요.

❻ James went out to play with his friends.
제임스는 친구들과 놀러 나갔어.

❼ I used to play with them when I was young.
저는 어렸을 때 그들과 함께 놀곤 했어요.

학습한 문장을 활용해 실전 대화 연습을 해 봅시다.

A Can you play the piano?

피아노 칠 줄 아세요?

B I can't play the piano.

저는 피아노를 칠 수 없어요.

A How often do you play golf?

얼마나 자주 골프를 치세요?

B I play golf once a month.

한 달에 한 번 골프를 쳐요.

1초 안에 영어로 나오지 않는다면 1번에서 다시 연습합니다.

❶ 저는 피아노를 칠 수 없어요.

❷ 저는 방과 후에 보통 테니스를 칩니다.

❸ 내일 테니스 치러 가요.

❹ 얼마나 자주 골프를 치세요?

❺ 우리는 방과 후에 축구를 했어요.

❻ 제임스는 친구들과 놀러 나갔어.

❼ 저는 어렸을 때 그들과 함께 놀곤 했어요.

DAY 100

HANG OUT WITH

① ~와 시간을 보내다

MP3 듣기

성인이 친구들과 어울려 놀 때는 주로 hang out with라는 표현을 사용합니다. 돌아다니거나 어울려서 이야기하고, 술 마시고 노는 모든 행위에 사용할 수 있습니다.

> **STEP 1** 문장으로 익히기

10번씩 반복해서 큰 소리로 읽어보며 내 것으로 만듭니다.

❶ Do you still hang out with them?
아직도 그들과 어울리나요?

❷ Don't hang out with bad friends.
나쁜 친구들과 어울리지 마세요.

❸ I won't hang out with James anymore.
더 이상 제임스와 어울리지 않을 거예요.

❹ I used to hang out here with Jenny.
저는 여기서 제니랑 놀곤 했어요.

❺ You shouldn't hang out with her too often.
그녀와 너무 자주 어울리면 안 돼요.

❻ I don't have time to hang out with my friends.
친구들과 어울릴 시간이 없어요.

❼ I usually hang out with my friends in the coffee shop.
저는 보통 커피숍에서 친구들과 어울려요.

학습한 문장을 활용해 실전 대화 연습을 해 봅시다.

A Are you very busy these days?
요즘 많이 바쁘세요?

B I don't even have time to hang out with my friends.
친구들과 어울릴 시간도 없어요.

~~~~~~~~~~~~~~~~~~~~~~~~~~~~~~~~~~~~

A What do you usually do after work?
퇴근하면 보통 뭐 하세요?

B I usually hang out with my friends in the coffee shop.
저는 보통 커피숍에서 친구들과 어울려요.

STEP 3 1초 안에 영어로 말해 보기

1초 안에 영어로 나오지 않는다면 1번에서 다시 연습합니다.

❶ 아직도 그들과 어울리나요?

❷ 나쁜 친구들과 어울리지 마세요.

❸ 더 이상 제임스와 어울리지 않을 거예요.

❹ 저는 여기서 제니랑 놀곤 했어요.

❺ 그녀와 너무 자주 어울리면 안 돼요.

❻ 친구들과 어울릴 시간이 없어요.

❼ 저는 보통 커피숍에서 친구들과 어울려요.

그동안 배운 표현을 다시 한번 크게 5번 따라 읽어 본 후, 혼자서 크게 5번 읽어 봅시다.

1 What did you say?

따라 읽기 ① ② ③ ④ ⑤ / 혼자서 읽기 ① ② ③ ④ ⑤

2 Can you tell me about him?

따라 읽기 ① ② ③ ④ ⑤ / 혼자서 읽기 ① ② ③ ④ ⑤

3 I'll talk to you later.

따라 읽기 ① ② ③ ④ ⑤ / 혼자서 읽기 ① ② ③ ④ ⑤

4 May I speak to James?

따라 읽기 ① ② ③ ④ ⑤ / 혼자서 읽기 ① ② ③ ④ ⑤

5 Why don't you go see a doctor?

따라 읽기 ① ② ③ ④ ⑤ / 혼자서 읽기 ① ② ③ ④ ⑤

6 We watched a baseball game.

따라 읽기 ① ② ③ ④ ⑤ / 혼자서 읽기 ① ② ③ ④ ⑤

7 Here's the book you lent me.

따라 읽기 ① ② ③ ④ ⑤ / 혼자서 읽기 ① ② ③ ④ ⑤

8 Can I borrow your cell phone?

따라 읽기 ① ② ③ ④ ⑤ / 혼자서 읽기 ① ② ③ ④ ⑤

9 I usually play tennis after school.

따라 읽기 ① ② ③ ④ ⑤ / 혼자서 읽기 ① ② ③ ④ ⑤

10 I usually hang out with my friends in the coffee shop.

따라 읽기 ① ② ③ ④ ⑤ / 혼자서 읽기 ① ② ③ ④ ⑤

왼쪽 페이지를 가리고 영어로 말해 봅시다.

① 뭐라고 하셨죠?

_____

② 그에 대해 말해줄 수 있나요?

_____

③ 나중에 얘기할게요.

_____

④ 제임스랑 통화할 수 있을까요?

_____

⑤ 병원에 가보는 게 어때요?

_____

⑥ 우리는 야구 경기를 봤어요.

_____

⑦ 여기 빌려주신 책이 있습니다.

_____

⑧ 핸드폰 좀 빌릴 수 있을까요?

_____

⑨ 저는 방과 후에 보통 테니스를 칩니다.

_____

⑩ 저는 보통 커피숍에서 친구들과 어울려요.

_____